生物課② 好好玩

野外探險 生物課

28 堂尋寶課 ✖ **7** 大學習主題 ✖

8 個國內外自然景點

最受歡迎的生物老師
李曼韻 著

來吧！從大自然挖掘真正的學習寶庫

國立師範大學生命科學系名譽教授 黃生

從先哲作品省思人與自然的關係

　　林語堂在《生活的藝術》中曾提過一個「已喪失的樂園」的寓言，故事是說一個不肖的孩子覺得這個星球對他而言還不夠好，吵著向上帝要一個「珠玉為門的天堂」。於是上帝就帶他去看這個星球的日出日落，看山看海，看大峽谷和大瀑布，又看大森林，看鳥獸蟲魚與世間萬物，這孩子竟仍只說單調乏味、不看不看，依然吵著要那個珠玉為門的天堂。上帝發怒了，就斥他說「如此星球，你還覺得不夠好，我就送你到地獄去，讓你終生見不到行雲和花樹」，於是把他送進一個城市中的公寓裡，要他「幽囚到命終之日」。

　　如今想來，故事裡的「公寓」在現代社會中竟是無所不在，有的學校也開始蓋得像公寓，孩子們走出自己的家，上學讀書，終究也只是走進了離家不遠的另一間大公寓。今日住在「公寓」裡的這些孩子，已經看不見行雲和花樹，聽不見流泉，究竟是患了「大自然缺失症」？還是像故事中的主人翁一樣，受了上帝的咒詛？

　　一八四五年，一位名叫亨利・梭羅的美國人，在華爾頓湖邊蓋了個小屋，自耕自食，寫了一本《湖濱散記》，呼籲人們回歸大自然。梭羅的生活太美，作品太經典，身為生物教育工作者的老師們幾乎都讀過這本書，並深受感動，也都希望自己有一天能帶孩子們「回到大自然」，在我們「真正的」家中生活。然而在我們現今的現實生活中，台北市連有個池塘的大學校園都找不出幾個，其餘的推廣又能怎麼做呢？林語堂的寓言固然令人震撼，然而我們難以否認，寓言正一步步成真：「珠玉為門的天堂」蓋滿都市的天際線，已喪失的樂園山林步道間，生物多樣性正快速消失隱沒。

在真正的寶庫中學習，然後回到真正的家園

　　我的孩子還小時，有一次問我，公雞啼叫是什麼樣子？啊！原來他沒聽過雞叫！我聽了趕快帶他回外婆家，看雞打架、聽雞叫。他看了以後又問，雞打架為什麼要先後退兩步，再衝一次？我發覺，唯有實地觀察才能進一步發問，唯有親身體驗才是學習的真諦。此後，我就常帶他回外婆家，想念外孫的外婆也常主動邀我們返鄉。

　　這些經驗讓我有了一番體悟：**教育必須守住自然的素養**。當學校外的風景敵不過時代的轉變而開始剝落，孩子們開始對身邊的鳥語花香視而不見，聽而不聞，身為傳遞知識的教育工作者，必得堅持學校絕不能以珠玉為門，要把大自然當成是我們的家，要把自然的美感帶回教育的核心裡。在大自然這個「真正的家」中，讓孩子知山、知川、知蟲魚鳥獸，徜徉其中，品談生活藝術，敘寫萬物之間相需互動的生態關係。那才是我們真正的家園。

美好的心願，理想的期許

　　李曼韻老師的書裡有著這樣的句子，深深打動我。

　　「我不停地許願，我的願望終於實現了，我懷著興奮的心情入睡，甚至夢到黃昏時候帶著大老鷹在公園裡遇見許多暮蟬，漫長的童年，不停地逐夢。」

　　翻開書，處處可見她的「蘭葉春葳蕤，桂華秋皎潔」心懷，讀著讀著，我突然驚覺：她的文字，不就是通往大自然家園的那道柴門嗎？我似乎看到了「木欣欣以向榮，泉涓涓而始流」的陶淵明世界，不禁高興地搖晃著這本《野外探險生物課》，對著有幸走在這條學習路上的孩子們喊：「來呀！我們一同回家看山花，好嗎？」

愛上大自然，體會「多元學習」的真意

李曼韻

從事教育的播種是為了等待一片森林

寫第二本書的主要動力，是因為關於「愛上大自然」，我還有許多經驗與心願。

無論時代或政策如何變化，教育工作者心中都必要存在不變的核心價值。這麼多年來堅守「永續使命綠色行動」的核心價值，不斷提升專業能力，研發教材、創新教法，以因應時代趨勢。經驗的累積有如內功的鍛練，教師必須有一定的內涵功力，才不致在紊亂的教改環境中不知所措。

令人眼花撩亂的教改名詞不斷推陳出新，從九年一貫到十二年國教，從課本到課綱，到新課綱，從基測、會考到多元入學，從「能力指標」到「素養導向」……除此之外，還有「學習共同體」、「學思達」、「翻轉教室」、「MAPS」等各種新教學方法，酷似各家武林學派。

捲入浪頭的熱血教師不少，但更多教師乏力追浪，急流勇退或隨波逐流者不在少數。原因大多是龐雜的行政事務、令人焦頭爛額的班級經營，以及應接不暇的各項活動。其實，沒完沒了的例行性工作就足以令人疲憊不堪了。這現象就像孩子得應付多種課程、各項考試，甚至得上才藝班、補習班而苦不堪言，是一樣的。大家都在尋求解決之道，過去都以「打倒升學主義」、「減輕升學壓力」為目標，但因缺乏正確理念，也就看不到明顯的成效。

教育的改變是無法速成的。唯有一點一滴落實到課堂中、生活上，時間久了才能看到種子發芽，接著一株幼苗冒出，之後才有機會看著它長成大樹。我的理想，是欣見一片森林。

點燃理想與希望的種子，在於由興趣所激發出來的熱忱。

關於即將上路的新課綱，其亮點之一是「學習跨領域，貼近生活情境」。這就是一個可以落實的方向，也是一顆希望的種子。

「小鳥週」的故事：向芬蘭的主題式學習取經

教育制度領先全球的芬蘭，二○一六年全面實施新課綱，最大重點是提倡跨學科領域「主題式學習」（Phenomenon Based Learning），以整合的方式取代以往各個獨立的學科，老師也必須協同合作教學。

「小鳥週」是芬蘭某一幼兒園以「小鳥」為主題來引導孩子從生活中多方位體驗學習的極佳例子。老師向大家介紹一隻長得跟別人不一樣的小鳥，如何被接納的故事，教唱許多歌詞中有「小鳥」的歌，用「小鳥的動作」做肢體表達，當然也會帶著孩子們走進森林觀察鳥類，教孩子使用望遠鏡觀察、用耳朵聆聽。回到幼兒園後，老師拿出《鳥兒的叫聲》一書（由芬蘭出版社出版），讓孩子們翻閱，一起邊看圖、邊聽鳥鳴並且討論。

這樣的主題週是吸引人的。

我們很難期待國內的學校可以如此快速跟上腳步，從幼兒園就開始。

但我們可以小規模地從教材主體開始，甚而延伸至家庭中的親子共學。

用本書也可以進行跨領域的主題式學習

我的課程規畫中也有「報告週」，內容只要與生物、生態有關均可。我常告訴孩子「要知道吃進嘴巴的是什麼生物」。今年就有同學選了「頭足動物辨識」為主題，親自到市場去拍照並請教魚販老闆，媽媽也跟去了，大家一起學習

烏賊、章魚、鎖管等分辨方式之外，也認識了市場文化、了解父母買菜與販賣者的辛苦，這些都是跨領域的學習。另外一位同學全家逛富基漁港吃海鮮，拍了鱟、章魚、目賊仔、河豚……等照片放在臉書中，標題寫著「遇見活化石」，媽媽則留言「來上生物課啦！」我心想，這就對了，逛漁港可以不只是吃海鮮而已，認識漁夫、魚販的生活，認識海洋生物多樣性，這些真實的體驗，遠比僅止享受美食更接近海洋文化。

再以書中的「芳香植物」這個主題為例，生物老師介紹植物；理化老師可以講解植物中產生芳香味道的化學成分；歷史、地理老師可以解說這些植物的原產地，以及人類使用的歷史、歷程與典故；音樂老師可以教唱〈野玫瑰〉、〈菩提樹〉、〈茉莉花〉、〈小白花〉等世界民謠歌曲；健康教育老師可以教的就更多了：植物中對人體有益或有害的成分；國文老師更是不難找到古今中外與味道有關的文章題材；美術、家政、英文等科目的老師都有其可以發揮延伸之處。

這主題也是很好的親子共學主題。現在許多人家中常會養幾盆香草植物，可以聞香、入菜、賞花，及植物觀察、辨識、分類、繁殖方式等多方面的學習。

大自然就是取之不竭的學習寶庫

主題的選擇可以因地制宜，海邊有潮間帶、漁港、候鳥，甚至是曬鹽，山區有森林、溪流，就連都市也不難找到主題。台灣生態豐富，只是欠缺好的課程設計來引導孩子們認識。希望由這一本小小的書，讓學生老師家長都能在走進大自然的行動裡，漸漸體會到打破學科限制、主動學習、多元學習途徑等概

念的真意。

　　自然老師無暇教授的戶外課程，可以轉為親子的假日學習活動。從生活中開始，選定一個身邊的主題，花幾天或幾週的時間，跟孩子一起好好觀察、體會，想必不難發現生活與生物的豐富，而學習主題正滿滿地存在於生活裡。

　　這本書提供一個方向，給願意改變、願意跨出去的教師一些經驗範例，給想要與孩子一起走進大自然的爸媽一張藍圖。希望大家一起愛上大自然，這是我的心願。

　　最後，感謝協助我傳承經驗與完成心願的每一個人。

寫於二〇一七年八月

Contents

Contents

第1關

和人類好親近的
豆豆家族

闖關前的學習寶典 I

學習引導╳學習關鍵字╳生物祕笈大公開

闖關前的學習寶典 I

學習引導

生物課下冊第四章、第五章

學習關鍵字

單子葉植物、雙子葉植物、孟德爾、豌豆、果實、根瘤菌、共生、固氮

生物祕笈大公開

在遺傳學上扮演重要角色的豆豆家族

「生物課好好玩」的第一關，先介紹「豆豆家族」這個聲勢浩大的家族。之所以說它「勢力龐大」，是因為豆科為植物界中第三大科，約有六百三十屬、一萬八千種，僅次於單子葉植物中的蘭科和雙子葉植物菊科。

此外，豆科植物中有不少種類屬於經濟作物，從可以吃的糧食到幫助其他植物生長的綠肥，應有盡有。在生活上和人們非常貼近，可說是認識花、果實、種子最佳材料，難怪當年的孟德爾在做遺傳學實驗時會看上豌豆。也許我們可以說，豆豆家族在遺傳學的發展上扮演著重要的歷史地位呢。

同樣是豆科植物，植株大小卻差距很大，從草本到木本都有，例如豆科中的含羞草、紅豆、綠豆、花生……等都是草本植物，而鳳凰木、阿勃勒、相思樹等則是木本植物。想想看，含羞草和豌豆植株差距已經不小了，如果再拿鳳凰木和含羞草比一比，就差更大囉！

認識豆科植物的果實

不過，豆科植物之間差異再大，都有一個共同的特徵：它們的果實幾乎都是**莢果**。

在果實分類上，莢果屬於「單果」。果實由一

> **什麼是「心皮」？**
>
> 心皮是構成被子植物雌蕊的單位，由葉片變態而來。換句話說，雌蕊是一個或多個「心皮」所構成的

枚「心皮」發育而成，成熟時，果皮會沿著果實兩側裂開，成為兩片。莢果的大小、形狀變化多端，例如鳳凰木的莢果為關刀狀，阿勃勒是棍棒狀、山螞蝗則是一節一節的。

除了單果之外還有什麼果？果實種類繁多，分類方式也很多樣。若依結成果實的花或花序之樣式，可分為**單果**與**複果**。「單果」是由一枚雌蕊所結的果實，多數植物一朵花中只有一個雌蕊，果實屬於「單果」。「複果」是由一整個花序，或是由一朵花內許多離生心皮所發育而成的果實，包括「聚合果」和「聚花果」。

聚合果和聚花果又如何區分呢？若是一朵花中具有許多雌蕊聚生在花托上，受粉之後每一雌蕊形成一個小果，許多小果聚生在花托上，就叫做聚合果，如草莓。若是一個果實由一個花序發育而來，就稱聚花果，或稱多花果，如桑葚、鳳梨和無花果。

豆科植物的莢果裡面還有驚喜，就是種子。花生、皇帝豆、花豆等食用的大型種子是觀察種子構造的好材料，紅豆、綠豆雖然更容易取得，但種子就小了一點，比較不易觀察。

種子是種子植物的胚珠受精之後長成的器官，構造上主要包含**種皮、胚**和**胚乳**三部分。種皮由「珠被」發育而成，主要作用在保護種子。胚是種子中最主要的部分，相當於幼小的植物體，可分成**胚根、胚軸**（胚莖）、**子葉**及**胚芽**四個

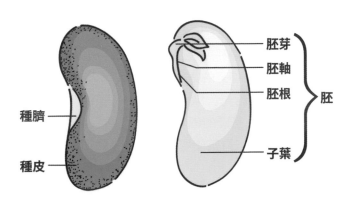

部分。若以綠豆來觀察萌芽過程，可以發現，發芽時最先伸出種皮的就是胚根；胚軸將發育成莖；胚芽即分生組織，可發育成莖、葉……等其他器官；胚乳是被子植物雙重受精過程中，一個精核與兩個極核融合後形成的組織，其染色體倍數一般為三倍體，此構造是許多植物在胚發芽時所需養分的主要來源。例如我們所食用的稻米。

　　有些雙子葉植物的種子在胚的發育過程中，會逐漸吸收胚乳的養分而形成肥大的子葉，等到種子成熟時，胚乳已完全消失。這些種子稱為「無胚乳種子」。豆科植物種子就是最典型的例子。

　　遺傳學之父孟德爾所用的實驗材料豌豆，就是豆豆家族中很有特色的成員之一。孟德爾提到的七種相對性狀：種子形狀、種子顏色、種皮顏色、豆莢形狀、豆莢顏色、花的位置、莖的高度，其中就有五種與豆莢及種子有關。

豆科植物如何和根瘤菌「共生」？

　　豆科植物還有一大特性，就是其根部常有**根瘤菌**共生，根瘤菌能固定空氣中的氮，供給植物體利用，所以即使土壤貧瘠，豆科植物也都能成長得還不錯。

　　這個特點使得豆科作物成為人類的糧食之一，目前更是友善環境農夫的大好幫手，因為不依賴化學肥料時，可以藉由種植豆科作物來補充田地中的含氮養分。其實，大氣中並不缺氮氣，我們吸進人體中的空氣成分中約有百分之七十八是氮氣，但這些氮氣無法被利用來合成蛋白質，所以在呼氣時幾乎原封不動地離開人體。動物獲得含氮養分的方式是直接攝取含有氮元素的食物（例如蛋白質）。至於植物，雖然能行光合作用製造養分，但以二氧化碳和水為原料也只能合成以碳氫氧三種元素為基礎的碳水化合物，若要合成蛋白質、DNA 等含有氮元素的養分，植物一樣無法直接使用大氣中的氮氣，只能吸收土壤中的含氮營養鹽。

　　於是豆豆的好朋友根瘤菌出場了。它平時存在於土壤中，若住進豆子好友

↑ 鳳凰木的莢果為關刀狀。

↑ 山螞蝗的莢果為一節節的，長得像蟲子，外觀很容易辨認呢！

的根部，根部外觀就像長了瘤一樣，稱做「根瘤」。並在根瘤中進行「固氮作用」。植物會將光合作用生產的養分分享給好友根瘤菌，而根瘤菌會回報好友所需的含氮化合物。人類則是善用了友好關係中的成果。

土壤貧瘠，植物就長不好，豆科植物卻可以和土裡的好朋友攜手合作，創造雙贏的美好結果。這在生物學上稱做**互利共生**。

由於家族成員龐大，在植物分類上，豆科又分成三個亞科，分別為**含羞草亞科**、**蘇木亞科**和**蝶形花亞科**。

自然尋寶的第一關，就先從我們生活上，常聽、常吃、常見的一些豆科植物開始吧！

第1課

↑ 含羞草莢果成熟後會自節處斷開，留下一個空骨架。

多看我一眼吧！園藝家最愛的含羞草亞科

↑ 含羞草的許多莢果。

豆豆家族中，含羞草亞科的成員最大特色就在於它的花。含羞草、相思樹、粉撲、合歡……仔細觀察這些常見的含羞草亞科植物，就可以了解為什麼它們這麼受園藝愛好者歡迎了！

豆科植物這個大家族中，含羞草亞科最大特色在於它的雄蕊。其他豆科植物多半有五個花瓣，但含羞草亞科的花瓣退化，變得很小，開花時雄蕊占大部分比例，成為視覺上的主角。花藥多，花絲通常有醒目色彩，比花瓣還要吸睛許多。通常由許多輻射對稱、有著長長花絲的小花聚合在一起，構成頭狀花序。常見的含羞草亞科成員有含羞草、相思樹、粉撲、合歡……等。

值得你多多觀察的含羞草

提到含羞草，大家最熟悉的就是它被觸碰後羞到

抬不起頭來的**觸發運動**了。不過，除此之外，你是否曾經觀察到：它的葉子被碰觸之後，其實是向上閉合，而不是想像中的向下閉垂？還有，它的害羞程度和你出手力道，以及葉片的新舊其實可能有關？

再進一步觀察看看，含羞草低頭「害羞」的時間約多長？另外，你知道它還會「睡覺」嗎？這就是含羞草的**睡眠運動**。把它放在室內觀察看看，開燈、關燈是否會影響它的睡眠時間？

↑ 含羞草的一個花序，以及右下角放大後的一朵花。

它的花朵也值得細細欣賞。含羞草的主要花季是盛夏到秋季，這時，粉紅色小絨球布滿野地，充滿美感。它的花朵是由數朵小花長成一個圓球狀花序，每一朵花具有不明顯的萼片，花瓣四裂，雄蕊四枚，雌蕊一枚。莢果表面滿布茸毛，分為二至五節，每節內有一粒種子，成熟後自節處斷開，只留下一個空骨架。整株植物充滿了觀賞的野趣。

常見的含羞草可說是最佳觀察對象之一。下次大家再遇見它時，千萬不要只是踢踢它，見它羞愧低頭，然後就匆匆走掉喔！

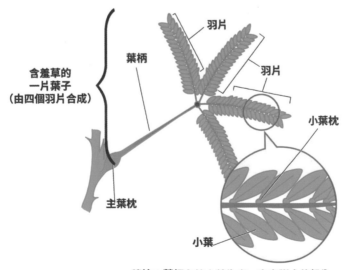

羽片

葉柄

羽片

含羞草的
一片葉子
（由四個羽片合成）

小葉枕

主葉枕

小葉

葉枕：葉柄在枝上著生處，突出膨大的部分。

↑ 含羞草的莖上長滿長毛並具有銳刺，觀察時要小心以免被刺傷。

↑ 含羞草的一片葉子，含一段長長的葉柄。

含羞草現在廣泛分布全台，其實它原產熱帶南美洲，是十七世紀由荷蘭人引入台灣的，為歸化種植物。

含羞草為多年生灌木狀的草本植物，植株高約二十至六十公分，莖上長滿長毛，具有銳刺。莖上的葉子互生，具有長葉柄，葉柄前端長有兩對羽毛狀的葉子，稱為「羽片」。每一羽片都長有相對的小葉片，稱「小葉」，每一羽片上小葉的數量常多達一、二十對以上。

相思樹是台灣夏天最美的山景

四季更迭之中，最令人欣賞的莫過於山頭大樹開花的色彩，春天賞完櫻後，進入春末初夏時，毛茸茸的小圓球開始漸漸染黃樹梢，成為台灣炙熱夏天的主要山景，那正是相思樹（*Acacia confusa*）在開花。

↑ 相思樹開花。

相思樹屬（*Acacia spp.*）多為常綠喬木，種類多，全球分布地廣。台灣相思樹原產於恆春半島，又名相思仔（台語發音）、台灣相思、相絲樹。大家一定很好奇，既以「相思」為名，背後可有個浪漫的傳奇？答案可能要讓讀者失望了。它的豆子不是紅色的，因此，相思豆所指的當

↑ 相思樹的一個頭狀花序。

然也不是它。

相思樹和其他豆科植物成員不一樣，它擁有看似平行脈、鐮刀狀的葉片，但那其實不是真正的葉子，而是由葉柄特化而成的「假葉」。它真正的葉子像含羞草一樣，為二回羽狀複葉，只在種子萌芽時才看得到，長大之後，整棵樹都是由葉柄變成的假葉。為什麼會出現假葉呢？這樣的演化，可以減少水分散失，有利於相思樹適應乾旱環境。

↑ 相思樹的假葉與發育中的莢果。

相思樹曾是台灣重要能源

相思樹和許多豆科植物一樣，根部也與根瘤菌共生，具固氮作用。它也是台灣的原生植物，耐旱、耐風、抗瘠，是台灣主要造林樹種之一。在沒有瓦斯爐的年代，家家戶戶主要的爐火能源來自木炭，相思樹生長速度快，正是製作木炭的好材料。其材質堅硬，因此也可供製作成枕木、農具、紙漿原料，甚至可用以做為培育香菇之椴木。

↑ 相思樹的幼苗，此時是可見其羽狀複葉的唯一階段，圖中可見三種葉子在一起。

台灣也引進了其他優秀多用途的同屬樹種，常見的有**耳莢相思樹**及**直幹相思樹**。

↑ 引進觀賞用的園藝品種相思樹。莢果旋扭彎曲，扁平。

最令人賞心悅目的一群成員

含羞草亞科中有許多以「合歡」為名的成員，雖然不一定都是合歡屬，但都擁有一球毛絨絨的彩色球狀花序。因為整個花序上雄蕊或紅或粉的眾多花絲鮮豔可愛，吸引愛花人士，於是多半引進做為園藝觀賞植物之用。園藝上常見的是粉撲花屬的**紅粉撲花、美洲合歡、蘇利南合歡、小**

↑ 紅粉撲的花與葉。

↑ 每個羽片有三對小葉。

↑ 美洲合歡盛開的樣子。

↑ 美洲合歡的一朵花、一個花序與羽片。它的小葉有七至十對，這一特徵最容易與紅粉撲花區別。

葉合歡……等，它們很受歡迎，俗名常常不止一個，還真令人困擾。

「粉撲花」的拉丁屬名（*Calliandra*）在原意上指的就是「美麗的雄蕊」，非常名副其實。其屬名「粉撲」的由來是因為花序上花朵集合的模樣，就像化妝時用來撲粉的粉撲，這些整齊有序的細絲都是雄蕊的花絲喔！

紅粉撲花為半落葉性灌木，葉子為二回羽狀複葉，羽片一對，每個羽片小葉三對。葉基歪型，葉形為凹陷橢圓，葉子互生，全緣。頭狀花序為鮮紅的半球狀，很少結果。

比紅粉撲花更像粉撲的是美洲合歡，又名紅合歡、紅絨球。原產於巴西等地，目前廣泛種植於熱帶、亞熱帶地區，台灣於一九一〇年間引進，做為景觀植物，比紅粉撲花還常見。

除了紅配綠的合歡之外，蘇利南合歡、小葉合歡外貌呈粉紅色，較為柔美。

↑ 蘇利南合歡花期頗長，種上一株可以觀賞很久喔！

↑ 香水合歡，別名豔紅合歡。二回羽狀複葉，小葉十至三十對。

↑ 蘇利南合歡的羽片與莢果。

蘇利南合歡原產於熱帶美洲，南美巴西、蘇利南島，因為樹形美麗，花色鮮豔，一九五〇年間台灣引進栽種為觀賞花木。

　　它是落葉性的灌木或小喬木，葉為二回羽狀複葉，羽片一對，小葉八至十二對，基部鈍而歪斜，葉背及邊緣均具短毛。最引人注目的當然是它的花了，也就是圓球狀、許多雄蕊的長花絲集合成的花序。花絲長約四至五公分，基部白色，上端粉紅色，非常鮮豔，花序展開呈圓球型直立狀，花期由夏天開始，常綻放至秋天，也具有淡淡花香。觀賞時以黃昏後、清晨時為較佳時段，陽光強時，花朵都顯得無精打采的。

　　香水合歡別名豔紅合歡、細葉粉撲花、細葉合歡。它的葉子長得和含羞草很像，但它只有睡眠運動，沒有明顯的觸發運動。台灣氣候很適合香水合歡，花季以夏天為主，花期長而且具有香味。

↑ 頭狀花序，花絲下端雪白，上端為淡粉紅色，雄蕊多數。

↑ 香水合歡和許多豆科植物一樣，到了晚上葉片會行睡眠運動，但它的花依舊很有精神地開著。

① 下列哪一種植物不結莢果？

（A）含羞草。（B）白蘿蔔。（C）白合歡。（D）相思樹。

② 下列哪一種植物既行睡眠運動又有觸發運動？

（A）含羞草。（B）酢醬草。（C）白合歡。（D）鳳凰木。

③ 關於含羞草的敘述，下列何者正確？

（A）含羞草的觸發運動和光線強弱有關。（B）含羞草的花為粉紅色細絲狀花瓣。（C）含羞草為台灣原生植物。（D）含羞草的一個紫紅色小球狀就是一個花序，包含許多朵花。

④ 關於相思樹的敘述，下列何者錯誤？

（A）相思樹所結的紅色種子即為相思豆。（B）相思樹的花充滿黃色雄蕊花絲。（C）相思樹為台灣原生植物。（D）相思樹在過去是很有用的經濟樹種。

解答

① （B）白蘿蔔。

說明：其他三個選項都是豆科植物，都會結莢果喔！

② （A）含羞草。

說明：其他三種植物都沒有睡眠運動和觸發運動。

③ （D）含羞草的一個紫紅色小球狀就是一個花序，包含許多朵花。

說明：（A）含羞草的觸發運動和光線強弱無關，而和植物葉柄基部葉枕細胞的膨壓變化有關。詳見《生物課好好玩》第 297 頁。（B）含羞草的花是由數朵小花長成一個圓球狀花序。（C）含羞草非台灣原生植物，它原產熱帶南美洲，是十七世紀由荷蘭人引入台灣。

④ （A）相思樹所結的紅色種子即為相思豆。

說明：誤會大了！相思樹和相思豆無關，你答對了嗎？

↑ 美麗的花朵是由綠葉行光合作用供給養分，鳳凰木的小葉是很細緻可愛的。

第2課

火紅的鳳凰木和鮮黃的阿勃勒誰美？
豆豆家族的蘇木亞科

什麼是「不整齊花？」
有「整齊花」嗎？

也有整齊花喔！只要花瓣與
萼片大小相等、形狀相似、
由中央向外作輻射對稱的就
是「整齊花」。「不整齊花」
的花瓣、萼片大小不等，形
狀相異，花萼及花冠左右對
稱。

這一章要介紹的豆豆家族成員是蘇木亞科，它們多數
為木本植物，最具特色的就是它們的花形。它們的花朵與
下一章蝶形花亞科的花朵都可算是蝶形花，但無明顯合在
一起的龍骨瓣，花朵接近左右對稱，最搶眼的花瓣在兩個
翼瓣的內側，花朵最上方，稱為「旗瓣」。蘇木亞科家族
的成員有誰呢？校園常見的鳳凰木就是最具代表性的成員
了！

畢業季火紅的鳳凰木其實四季皆美

你知道嗎？其實鳳凰木來自遙遠的非洲！台灣
於日治時代的一八九七年間從馬達加斯加島引進，因
為鳳凰木具有生長快速、抗旱、耐熱、耐汙染的特
質，所以來到台灣後，無論種在南北都適應良好。猜
猜看，全台最老的鳳凰木幾歲了？它在台南市的台南
公園內，樹齡已有一百一十年以上了！

由於鳳凰木普遍植於各校園，人們對它最典型

↑ 鳳凰木盛開的狀況。

↑ 鳳凰木花的旗瓣帶有明顯黃暈。

印象就是每逢畢業時節，就會看到它火紅豔麗的花朵。其實它的四季樣貌各不相同，除了離情依依的夏季之外，其他季節也極具觀察價值。

鳳凰樹為大喬木，樹冠呈傘形，春天開始長出新葉，葉為二回羽狀複葉，羽片二十對以上，每一個羽片又有二十多對以上的小葉。有機會大家可以觀察並估算一下，看似美麗大羽毛的一片葉子上有多少小葉呢？

到了夏天進入花期，鳳凰木的花朵既大又多，豔紅美麗，盛開時蓋滿樹冠，人們對鳳凰木最深刻的印象，也正是這「一片火紅」。它的花瓣五枚，為「不整齊花」，花萼五裂，雄蕊十枚。這幾年高溫的夏天常使得九月之後仍有鮮紅的花朵持續在枝頭綻放著。

秋天，莢果慢慢長成，一隻隻彎刀掛在樹梢，也是很特別的一景。

深冬，葉子慢慢轉黃、飄落，東北季風來時，成千上萬的金黃色小葉隨風

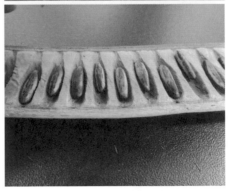

↑ 花期結束，果實漸漸成熟，莢果木質化，呈刀劍狀，扁平，木質。可長二十五至六十公分。

↓ 成熟後自縫線縱裂成二瓣，內有種子二十至六十顆。花及種子有毒，觀賞就好，不要食用。

↑ 深冬初春，葉已落盡的景觀。

↑ 有時，鳳凰木樹上會有許多台灣黃毒蛾幼蟲，因其刺毛有毒，觸及皮膚時會造成紅腫等不舒服現象。但這些幼蟲是許多鳥類的食物，所以也別打死牠喔。

飄落，非常詩意。葉片落光後，還可以欣賞美麗的枝條與莢果。如果要觀察偶爾佇足其上的小動物們，此時正是最佳時機。

長得好像的三胞胎——羊蹄甲、洋紫荊、豔紫荊

許多豆科植物都有羽狀複葉，羊蹄甲、洋紫荊、豔紫荊卻不是如此。它們葉形很特別，前端分叉開裂，很像偶蹄類草食動物的蹄，例如羊蹄，因而命名為羊蹄甲。

這三者在台灣的蘇木亞科羊蹄甲屬中是有名的三胞胎，雖然常見，卻容易混淆不清。雖然對入門者來說，要辨別三兄弟有點難度，不過植物辨識正是學

↑ 古人是不是很有聯想力？將偶蹄類草食動物的蹄形用於植物名。

↑ 羊蹄甲的花，雄蕊五枚，花瓣較寬，花瓣間　　↑ 羊蹄甲的花與葉。
空隙小。

生物的樂趣和成就感所在，而且，如果植株上已開花，只要抓住幾個觀察重點，
要區別它們就不算太難。

　　第一個觀察重點是**季節**，如果你所觀察的羊蹄甲屬植物開花了，時間又是
三、四月間的春天，那就可以先判斷它不會是洋紫荊。接著再觀察**花色、花葉比
例**及**果實**的有無就可以區別了。羊蹄甲花盛開時葉片數量已不多，花色粉紅到淡
紫，花瓣較寬，花瓣間空隙小；豔紫荊花盛開時葉片數量仍多，花色豔紫，以上
這幾個觀察重點，大約就可以區分這三兄弟了。

　　豔紫荊最早發現於香港，香港特區旗幟上用以代表香港的花就是豔紫荊。
二〇〇五年香港大學的植物學者已確認豔紫荊為羊蹄甲與洋紫荊的天然雜交種。
因為是雜交種，所以不會結實，這一點有別於另外兩兄弟。

↑ 羊蹄甲花盛開時葉片數　　↑ 洋紫荊開花。如果是開花在秋天，花色淡　　↑ 十二月，洋紫荊的花與
量已不多。　　　　　　　　粉，花只具三枚雄蕊，大約就是洋紫荊了。　　莢果。

↑ 豔紫荊的花，花色豔紫。如果花季從冬天豔紫到隔年三月，整樹不見莢果，那就是豔紫荊。

↑ 豔紫荊花期長，一直到隔年春天，但不結果實。

三兄弟特徵整理如下表

	羊蹄甲	洋紫荊	豔紫荊
別稱	南洋櫻花	印度櫻花、紫羊蹄甲	香港櫻花、香港蘭花樹
原產	中國南部、印度、馬來半島	印度、緬甸、中國南部、馬來西亞	香港
花期	春天（三、四月前後）	秋天（十一、十二月前後）	十月至隔年三月
花色	粉紅至粉紫	淡粉紅至粉白	豔紫色
雄蕊數目	多為五枚	三枚	多為五枚
花瓣形態	花瓣較寬，花瓣間空隙小	花瓣窄而相互分離，花瓣間空隙大	花瓣稍寬而分離，花瓣間空隙大小介於前兩者之間
開花時葉的狀況	葉片很少	葉片茂盛	葉片茂盛
果實	莢果	莢果	不結果

↑ 如果你看見羊蹄一樣的葉形，但花色像鳳凰木，它有可能其實是橙花羊蹄甲喔！

↑ 阿勃勒在夏天開出串串黃色花朵。

常是滿樹鮮黃的阿勃勒

　　蘇木亞科喬木中，阿勃勒也是台灣常見且廣受喜愛的庭園植物。它的花序最富魅力，夏天盛花期間，一串串下垂的黃色花朵，遠遠看像是滿樹金黃。花朵凋謝後，子房會慢慢發育為圓筒長形的果實，成熟時莢果會由綠轉為黑褐色，但莢果不會裂開。果實成熟需要一年，這就是為什麼經過阿勃勒時，常可見到串串鮮黃花朵與去年所結的果實並存於樹上。

↑ 每室有一種子，呈扁圓形有褐色光澤，果肉是瀝青狀黑色黏質有異味，種子味甜可食。

↑ 阿勃勒在花謝之後，秋冬季會結出長棒狀的果實。

① 關於鳳凰木的敘述，下列何者正確？

（A）為台灣原生種植物。（B）豆子可食用。（C）花季主要在夏天畢業時節。（D）葉子很小，為單葉。

② 關於羊蹄甲的敘述，下列何者正確？

（A）為台灣原生種植物。（B）會結莢果。（C）花季主要在秋天。（D）雄蕊只有三枚。

③ 關於豔紫荊的敘述，下列何者錯誤？

（A）首先於香港發現的植物。（B）花朵顏色為豔麗紫色，但不具花蕊，所以不結果。（C）為天然雜交種，所以不結果。（D）花期長，從冬季一直到隔年春天都能開花。

④ 鳳凰樹為大喬木，樹冠呈傘形，春天開始長出新葉，葉為二回羽狀複葉，羽片二十對以上，每一個羽片又有二十多對以上的小葉，大家可以估算一下，它看似美麗大羽毛的一片葉子上約有多少小葉片呢？

（A）四十。（B）四百。（C）八百。（D）一千六百。

解答

① （C）花季主要在夏天畢業時節。

說明：（A）鳳凰木不是台灣原生種植物，台灣是從馬達加斯加引進的。（B）豆子千萬不可食用，只能觀賞。（D）鳳凰木的葉子為二回羽狀複葉，不是單葉喔！

② （B）結莢果。

說明：（A）羊蹄甲非台灣原生種植物，原產於中國南部、印度、馬來半島。（C）花季主要在春天。（D）雄蕊多為五枚。

③ （B）花朵顏色為豔麗紫色，但不具花蕊，所以不結果。

說明：豔紫荊之所以不結果，是因為它是雜交種喔！

④ （D）一千六百。

說明：二十對即四十個，四十乘以四十即一千六百。你算對了嗎？

↑ 露出雌蕊與雄蕊的蝶形花。

第 **3** 課

美麗的雞母珠萬萬不能入口！
花形好看的蝶形花亞科

成員眾多的豆豆家族中，豌豆、毛豆、綠豆、紅豆、菜豆、四季豆、皇帝豆及花生等，都是我們熟悉的食用豆類。它們都屬於蝶形花亞科，值得我們好好認識喔！

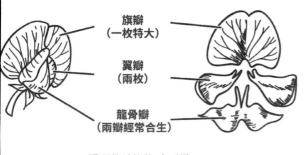

旗瓣
（一枚特大）

翼瓣
（兩枚）

龍骨瓣
（兩瓣經常合生）

蝶形花科的花（五瓣）

↑ 一朵蝶形花的花瓣構造。

蝶形花亞科的花冠有五個花瓣，具有三種形態：旗瓣、翼瓣、龍骨瓣，它們彼此之間是分離的，花冠最外面有一個花瓣比較大，像一面揮舞中的大旗，因此被稱為「旗瓣」，在旗瓣內面左右各有一個花瓣，像一對翅膀，因此稱為「翼瓣」。旗瓣的對面還有兩個花瓣，兩瓣的邊緣合成一片，如船的龍骨，故名「龍骨瓣」。

蝶形花科中許多成員的雄、雌蕊常常就這樣被龍骨瓣包圍了，花藥與柱頭都不易露出來，自然就會以「自花授

粉」完成有性生殖中的受精作用，再結出果實與種子。

　　不需要強記這些花瓣名稱，只需了解每一種花都有其獨特性，雖然花的基本構造就是花萼、花瓣、花蕊……等少數幾種，但形態、顏色變化很大，也因為如此，植物的辨識才會讓人覺得趣味橫生，充滿挑戰與驚喜。

在遺傳學史上占有一席之地的豌豆

　　豌豆，是一定會出現在生物課本裡的一種植物，全世界的學生在讀到遺傳學這一單元時，都會讀到「遺傳學之父」孟德爾的實驗材料就是它。也多虧了豌豆自花授粉的特性，讓孟德爾的遺傳實驗簡單容易些。畢竟，遺傳學是很複雜的一門學問。國中階段所教的遺傳學中，如果只談最簡單的棋盤格法，大家都能很快學會，輕易推算出親代交配後，子代可能的遺傳因子組合。

　　但若追問，自花授粉是什麼？為什麼要自花授粉？談到這裡，就需要好好認識一下豌豆花了。在餐桌上，大家對於豌豆應該不陌生，可惜真正認識並認真觀察一朵豌豆花的人很少了。

↑ 豌豆的小葉有一至三對，葉軸先端的小葉變態為卷鬚，用以攀緣。

　　豌豆在台灣早年是由荷蘭人引進，故又名荷蘭豆。莖具蔓性、一年生的草本植物。葉互生、羽狀複葉；花白色或紫色，有些帶粉紅。

↑ 豌豆的花，此為白色品種。花冠蝶形，由外面看不見花蕊。大部分昆蟲無法為它們服務，所以，就只好自花授粉。

↑ 花謝之後，子房慢慢發育為果實。托葉卵形，常大於小葉。

↑ 花果期在冬天到春之間，莢果長橢圓形，內有種子二至十粒。

↑ 常食用的蝶形花科：四季豆。

↑ 常食用的蝶形花科：皇帝豆

美麗第一名，毒性也第一名的雞母珠

　　雖然說有這麼多種食用豆子，但千萬記得，不是每一種豆子都是可以吃的喔。許多豆子外觀美麗，毒性卻不容小覷，雞母珠就可說是個中代表。

　　我國中時，上學途中撿過最美麗的東西就是雞母珠，那紅黑分明，閃亮的色澤，圓潤的外型真是叫人不喜歡它也難。當時還不知其名，後來才知道，我珍藏多年的小豆子原來名為雞母珠，這麼特殊的豆子，卻是如此平凡的俗名，年輕的內心有點失落感。

　　雞母珠葉為偶數羽狀複葉，秋冬會落葉，具攀緣性。約於秋天開花，一個花序上約有十至五十朵以上小花緊密地擠在一起，湊近細看每一朵小花是賞花的樂趣之一。如果想再多獲得一點成就感，可以再繼續仔細把花的構造一一辨識

↑ 雞母珠的花序。

↑ 雞母珠的羽狀複葉，小葉七至十二對。

↑ 雞母珠的花序。

↑ 雞母珠的果莢。

看清。雞母珠的花萼鐘形，花冠蝶形，初開時花瓣為淡紫色，之後會帶出紫紅色澤，旗瓣有點近似三角形。

授粉後，莢果漸漸成熟膨大，內有種子四至六粒，紅色占大部分，約三分之一為黑色。而它最特殊之處就是外表美麗的種子含有劇毒。

以前雞母珠在台灣中南部鄉間還算常見，老一輩多半認得，也知道雞母珠是有毒植物。但雞母珠並非全株有毒，有毒的主要是種子，其種子含毒蛋白，屬於劇毒。若咬開並吃下種子會造成噁心、冒冷汗、心跳加速、便血……等，誤食量較多時可能致死。過去在台灣雞母珠中毒紀錄主要是來自孩童好奇誤食，以及食用治病偏方的民眾。

↑ 小實孔雀豆的花與葉。

↑ 雞母珠的果實成熟裂開，露出種子。植物含有毒性是為了生存，經過長久演化的結果，以作為防禦之用。

↑ 豆科中常被提到的三種紅色種子：小實孔雀豆、孔雀豆與雞母珠。

雖然雞母珠的鮮豔種子含有劇毒，但它的莖葉卻是無毒可以食用的，有人常將它晒乾加入茶葉裡，以增添茶的美味。

由於它的種子紅色，所以也有人叫它相思豆，或紅豆。中國古詩上寄語相思的「紅豆」有人認為是紅豆樹，若依據國立台灣科學博物館資料，指的應是雞母珠。在第一課提到過含羞草亞科中的相思樹，所結的種子並非紅色，也未被稱為相思子。

豆科植物中能結出豔麗紅色種子的，除了雞母珠之外還有兩種更為常見，就是豆科含羞草亞科孔雀豆屬的孔雀豆與小實孔雀豆，尤其是在南部的紀念品店。

水黃皮的粉紫花朵多麼美麗！

前面提及的蝶形花亞科大多是草本植物，台灣原生植物中也有木本的蝶形花種類，那就是水黃皮。原本只零星分布在恆春半島及台東、蘭嶼海邊。現已被廣泛種植在校園、堤防、公園、路旁，成為常見的景觀植物了。

↑ 水黃皮在校園中已是常見的校園植物了。

↑ 秋天的花期，水黃皮花朵數量多得驚人。

↑ 落了一地的水黃皮花兒，叫人不忍心踩過，就靜靜拾起觀察吧。

　　它的葉互生，奇數羽狀複葉，小葉五至七枚，表面為具光澤的綠色，背面顏色較淡。花期約在夏至秋天，開花時數量很多，在陽光下油亮的綠葉間布滿粉紫色的花朵，甚是好看。秋風秋雨之後常落下滿地的粉紫花朵，可以撿拾觀察。

　　花謝之後，仍有驚喜，可以見到子房慢慢長成綠色果莢，最後再轉為褐色。

↑ 水黃皮綠色的果莢。

↑ 水黃皮為半落葉性，冬天葉片凋零，整棵樹掛滿果實，果實成熟時不開裂，內有種子一粒。

① 下列何者不屬於豆科中蝶形花亞科家族的成員？

　（A）毛豆。（B）豌豆。（C）咖啡豆。（D）雞母珠。

② 蝶形花亞科的蝶形花的五個花瓣中，哪一種不是兩瓣成對的？

　（A）旗瓣。（B）翼瓣。（C）龍骨瓣。（D）以上皆是。

③ 下列何者不是蝶形花亞科家族的共同特徵？

　（A）果實都為莢果。（B）花形都為蝶形花。（C）果實或種子均可食用。（D）葉片為羽狀複葉、三出複葉或單葉。

④ 關於蝶形花亞科家族的敘述，下列何者正確？

　（A）均為草本，沒有木本種類。（B）該亞科所結種子均為紅色，稱為相思豆。（C）該亞科的水黃皮花朵呈黃色。（D）豌豆、毛豆、綠豆、紅豆、菜豆、四季豆、皇帝豆及花生等，都屬於蝶形花亞科。

解答

① （C）咖啡豆。

　說明：（A）毛豆、（B）豌豆、（D）雞母珠都屬於蝶形花亞科，在本章節介紹過喔！

② （A）旗瓣。

　說明：旗瓣只有一枚，並非兩瓣成對，就像一面揮舞中的大旗。

③ （C）果實或種子均可食用。

　說明：請千萬注意，不是每一種蝶形花亞科的果實或種子都可安心入口喔！例如本章節介紹過的雞母珠，若誤食可是要送醫呢。

④ （D）豌豆、毛豆、綠豆、紅豆、菜豆、四季豆、皇帝豆及花生等，都屬於蝶形花亞科。

　說明：（A）蝶形花亞科中的水黃皮即為木本。（B）該亞科所結種子並非均為紅色，稱為相思豆的是鮮豔美麗的雞母珠。（C）水黃皮花朵呈粉紫色。

第4課

↑ 紫藤的蝶形花冠。

我既柔軟又堅強！豆豆家族的大型藤蔓

↑ 紫藤的葉片，奇數的羽狀複葉，小葉有七至十三枚。

讀完前面幾章，大家可能會發現，豆科中有不少腰桿軟弱難以直立的成員，例如豌豆、四季豆……等，它們都需要輔以支架讓植株攀附。但有一些多年生藤蔓能夠縱橫山林，靠的就是它既堅韌又柔軟的身段。在深入山林之前，也可以從都市中的常見種類開始認識喔！

充滿浪漫情懷的紫藤

紫藤在最近幾年算是普遍的園藝植物。提到園藝植物時，大家要先有些心理準備，那就是品種、品系很多。尤其是開花時節花又多又美的那些種類，例如櫻花。

台灣約於一九三〇年引進紫藤做為庭園觀賞，它為大型藤本植物，具有纏繞性的木質莖，樹幹直徑常能達十公分以上。葉互生，為奇數羽狀複葉，小葉有七至十三枚。低海拔地區花期約在春天四月前後開花，每到花季，成串成串的紫色花序垂吊於棚架上，

↑ 台北植物園的紫藤，結果量多。　　　　↑ 紫藤的紫色花序。

↑ 白色品種的紫藤。

的確充滿浪漫氣息，也因此有些咖啡廳、簡餐店或茶坊常以此之名，吸引消費者。

　　紫藤一串花序上的花朵數量還不少，常有數十朵，因為屬於蝶型花亞科，所以也有著美麗的蝶形花冠，一般為紫色或白色品種，靠近觀察時，可嗅聞到淡淡的芳香，在如此浪漫的棚架下、圍籬邊用餐或茶敘的確是令人嚮往的生活情調。

　　花謝之後，子房膨大結成果實，莢果有茂密的絨毛，內有種子一至三顆。上一章節中，我們已經提過，豆科植物結的豆子不一定都是可以食用的，紫藤的種子也具毒性，誤食容易引起腹瀉。

縱橫山林、野性十足的血藤

　　血藤的能見度比紫藤低多了，因為它仍野性十足地待在山林裡，未被園藝化，但它也不是稀有的保育植物。血藤多生長在中低海拔近溪邊或潮溼的闊葉林空曠處，只要在春季，也就是血藤的開花期間，去爬郊山或走步道健行時多留意路面，當地上掉滿串串葡萄紫的蝶形花時，試著抬頭搜尋它粗大的藤蔓，是有機會觀賞到它的。

↑ 血藤的葉片，三出複葉，中間的小葉長橢圓形，兩側小葉卵狀長橢圓形，葉基歪斜，兩面皆具毛糙感。

血藤的木質莖具攀緣性，可在森林中大樹間蔓延長達二十公尺以上，看到它的莖蔓，你會聯想到電影裡那位飛盪山林的泰山。

莖上若有傷口，流出的汁液氧化後呈紅色，是「血藤」名字的由來。

找到花之後，當然還可順便找尋葉子觀察，血藤的葉為三出複葉。所謂三出複葉就是由一個葉片算起的一支葉柄上長出三片小葉，稱為三出複葉。

血藤的花也是許多朵聚為成串花序，通常生在老莖上，長可達二十公分；綠色萼片包覆著美麗的蝶形花冠，花冠中的旗瓣為淺淺的淡綠色，其餘花瓣像葡萄紫般的色澤，在蒼綠的山林中抬頭望見它時讓人驚喜。花朵大型，一個花瓣約五公分長，但因高高在上也就不覺得突兀。

植物在老莖上開花，稱為「幹生花」，這是熱帶植物常見的一個現象，有別於一般溫帶植物，也就是我們常見的花果樹木，花通常是開在由樹幹上分生出來的樹枝，簡稱「枝上花」。有一種說法是：熱帶雨林大樹的花朵若開在老枝和樹幹上，比較容易被昆蟲發現，授粉機會相對較多。

↑ 血藤的藤蔓。

↑ 每到春天，蔓莖上會長出大串懸垂的花序。

↑ 幹生花大型，蝶形花重而下垂，有時整串跌落地面。　↑ 血藤的花苞。

↑ 血藤的莢果大型，可長達五十公分。

　　最常見的幹生花植物還有菠蘿蜜、樹葡萄、楊桃、木瓜、水同木，還有提煉巧克力的可可……等，如果覺得以上幾種常吃的水果果樹很罕見，那麼，在都市或鄉間還有一種大家都容易見到的幹生花植物，就是榕樹。有機會經過榕樹底下，請把握機會仔細觀察。

常見的美麗葛藤

↑ 秋天是葛藤的花期。

↓ 葛藤的花序。

　　葛藤屬是和血藤葉形相近的大型藤本植物，在台灣，葛藤屬共三種：大葛藤、山葛、假菜豆（即熱帶葛藤）。前兩者都俗稱葛藤，這兩種當中，山葛比大葛藤更為常見，山葛為台灣平地到低海拔山區間最常見的蝶形花亞科植物之一；植株屬於多年生中大型藤蔓，往往將道路旁的灌木整棵覆蓋，或占滿整片空曠地。葉子也是三出複葉，花期主要在秋季，開花時也可以欣賞它紫色系的蝶形花冠。旗瓣為淡紫色，中央有一塊黃斑，翼瓣與龍骨瓣紫色較深，翼瓣為狹橢圓形，長度稍大於龍骨瓣。莢果長約二至四公分，上面滿布褐色粗毛。整體而言，當然不像紫藤那樣秀麗嬌嫩，卻是一種鄉土性格的粗獷之美，另有一番風情。

↑ 葛藤的碟形花冠。　　　　　　　　　　　↑ 葛藤的莢果。

請多多愛護少見的鴨腱藤

　　最後介紹，也是最具特色的豆科藤本植物，是含羞草亞科中的鴨腱藤屬。這一屬的種類在全世界約有三十種，亞洲產七至八種，台灣有三種。台灣近數十年來由於土地過度開發，在野外要遇見它越來越難了，希望大家認識鴨腱藤之後，能以保育之心愛護它們。

　　鴨腱藤的莖為攀緣性木質藤本，老莖會呈現扭曲螺旋狀，極具藝術感，若在郊外看見它，保證讓你印象深刻。記得要停下腳步，好好觀察、欣賞它的其他部分。

　　鴨腱藤的葉為二回羽狀複葉，兩對羽片，每一羽片四枚小葉，小葉葉基歪斜。花期約在春天三至四月，花序長約十五公分，花細小、淡黃色。莢果木質扁

↑ 莖部盤旋扭曲，在郊外遇見時非常容易辨識。

↑ 鴨腱藤屬葉形均為二回羽狀複葉，每一羽片四枚小葉；小葉較小，具光澤。與血藤屬的三出複葉不同。

平，長三十至一百二十公分，有節，
每節內有一顆種子，扁圓形種子呈深
褐色，直徑約六公分。這是它最具特
色之處，圓潤、大型又光亮的種子，
常常成了許多愛好者的收藏品。

雖然說遇見它不容易，但在風
景觀光區如果要買到「刮痧果」，倒
是很容易。是的，「刮痧果」正是鴨
腱藤的種子，網路拍賣每粒約八十
元，既有行情，就會有人有心收集，
於是，野外的種子都這樣被採走了，
也是使得鴨腱藤族群日益稀少的原因
之一。

在台灣，其植株多分布於中北
部，烏來、棲蘭、仁山植物園、桃
園、新竹、苗栗等地郊山，都還有它
的蹤跡。

↑ 鴨腱藤果莢發育中。

↑ 這是鴨腱藤果莢的其中一段。這一屬最大的特色
就是特別長的果莢，特大號的種子，所以常成為人
們的收集目標。圖片上方原子筆可當作比例尺。

↑ 三種鴨腱藤的種子排排站，和其他豆子比一比。A、B、C為台灣
的三種鴨藤腱種子，D為血藤種子，E為孔雀豆，F為雞母珠，G為
小實孔雀豆。

下課前五分鐘

① 關於豆科家族的敘述,下列何者正確?
　（A）大型藤蔓都是豆科家族成員。（B）豆科家族中的大型藤蔓都是蝶形花亞科。（C）豆科家族成員果實皆為莢果。（D）豆科家族成員的種子大小相差不多。

② 關於紫藤的敘述,下列何者正確?
　（A）為台灣原生植物。（B）為進口園藝植物。（C）一年四季皆可開花結果。（D）花色只有紫色一種。

③ 關於血藤的敘述,下列何者正確?
　（A）為台灣原生植物。（B）為進口園藝植物。（C）花季在秋季。（D）花色只有鮮紅如血,故名血藤。

④ 關於鴨腱藤的敘述,下列何者錯誤?
　（A）種子大型,民間常用以刮痧。（B）為台灣原生植物。（C）莖幹扭曲形如鴨腱,所以名為鴨腱藤。（D）這種植物台灣只有一屬一種。

解答

① （C）豆科家族成員果實皆為莢果。
　說明:（A）大型藤蔓不一定都是豆科家族。（B）豆科家族中的大型藤蔓都不一定是蝶形花亞科。例如鴨腱藤為含羞草亞科。（D）豆科家族成員的種子大小不一。這一題考驗你對豆科家族整體的認識,你答對了嗎?

② （B）為進口園藝植物。
　說明:（C）紫藤的花季多為春天四月前後。（D）花色除了紫色,還有白色喔。

③ （A）為台灣原生植物。
　說明:（C）血藤的花季是春季。（D）血藤的旗瓣為淺淺的淡綠色,其餘花瓣像葡萄紫般的色澤。血藤這個名字的由來是因為莖上若有傷口,流出的汁液氧化後呈紅色。

④ （D）這種植物台灣只有一屬一種。
　說明:鴨腱藤在台灣有三種喔!生物達人,你答對了嗎?

第 2 關

要你聞香而來！
認識芳香植物

闖關前的學習寶典 II

學習引導✕學習關鍵字✕生物祕笈大公開

闖關前的學習寶典 II

學習引導

生物課上冊第五章

學習關鍵字

感應、神經系統、受器、神經傳導途徑、感覺疲勞

生物祕笈大公開

在認識芳香植物之前，先認識「嗅覺」

「刺激」包括哪些？

對生物而言，體內或周遭環境所發生的變化稱為「刺激」。

生物的生活環境經常處於變化之中，環境中的任何變化，都會對生物體形成刺激。例如天氣變化。

自然尋寶闖關來到第二關！這次的主題是「芳香植物」，在深入挑戰芳香植物相關知識之前，我們先來認識：什麼是嗅覺？

在生物演化上，嗅覺最直接的功能就是幫助雄性動物，得以更快、更準確地找到同種的雌性伴侶，與之交配。課本上最常提到的例子，就是雄蛾可以聞到一公里外雌蛾所分泌的化學物質，相關實驗最早由法國自然學家法布爾在二十世紀初進行並證明。這化學物質即為性費洛蒙，雄蛾的觸角為接受性費洛蒙的感應構造，觸角上有許多毛狀感覺器以感應性費洛蒙。

除此之外，靈敏的嗅覺也協助許多數動物找到賴以維生的食物，並讓雌性動物準確嗅出自己的寶寶。例如，大象視力雖不佳，但牠長長的鼻子卻有著靈敏的嗅覺，可以找到食物、發現敵害，據說牠還可以聞到五公里外人類的味道。除此之外，禿鷹可以找到動物屍體、駱駝在沙漠中尋覓水源、蜜蜂螞蟻發現食物……等行為，都與絕佳的嗅覺有關。

深入嗅覺的原理

想要了解其中的奧祕，得先從嗅覺的產生原理談起。

嗅覺是一種意識作用，意識的產生是由受器接受外界刺激，經感覺神經元傳到大腦中的嗅覺區，而有了「聞到」的感覺。神經傳導途徑如下：

鼻（嗅覺受器）→感覺神經元→大腦（嗅覺區）→產生嗅覺意識

以人為例，鼻子是人類的嗅覺器官，鼻腔上端有一區嗅黏膜，上面約有近千種、五百萬個嗅覺細胞，這些嗅覺細胞的前端呈樹狀突起的「嗅毛」，就是氣味的接收器，稱為嗅覺「受器」或「受體」。當氣味分子溶解於嗅毛，會引發一系列化學、物理變化，進而產生神經衝動，經過部分區域後傳到大腦嗅覺中樞而產生嗅覺。

人類喜歡的氣味多是滿足嗅覺的香味。然而植物花朵的香味並非為了取悅於人，而是要吸引昆蟲來為它們傳播花粉。但是並非每一種授粉者都喜歡香味，比如蒼蠅就是「逐臭之夫」，所以有些植物演化出一些特殊的氣味，來吸引蒼蠅為它們授粉。最有名的例子就是大王花和泰坦魔芋，以「臭」聞名於世，又名腐屍花，聽到這個名字，應該可以稍微想像它的氣味了吧！

喚醒嗅覺感官對生活品質的重要影響

人類的五感之中，嗅覺常是最容易被忽視的一種，然而它與情緒、記憶、飲食、行為、健康……等各層面的連結日益受到重視。坊間 SPA 美容店家常有「精油芳香療法」的服務項目，在國外被視為「自然療法」，廣受重視。植物在成長過程中將大自然裡的元素——陽光、空氣、水，巧妙地轉換成各式各樣的養分及維持生命所需的物質。只要運用知識及科學

「受器」是什麼？

接受刺激的構造（不是接受刺激的器官）稱為受器，或稱受體。例如眼、耳、口、鼻和皮膚這五種感覺器官內都有受器。

方法，從植物的根、莖、葉、花、果實、種子六大器官，分別萃取植物精油來善加使用，就能改善現代人處在繁忙生活底下的身心品質。

在日益匆忙的時代腳步中，人們和植物的關係常是「路過、錯過、呼嘯而過」。但當你的視覺、聽覺、觸覺都被工作、課業、手機給占據，唯有嗅覺還偶爾提醒你，療癒人心的綠意香氣，就在你的生活周遭。

用途多多的芳香植物

芳香植物因為氣味突出，常成為園藝品種，可以就近於校園、公園、自家花園陽台仔細觀察，是絕佳的觀察對象。芳香植物除了氣味清香，還有食用、藥用、觀賞等許多價值，在進行植物觀察的同時，想必也能藉著天然香氣喚醒在汙濁的都市裡被日夜薰得疲勞的嗅覺神經。

「嗅覺疲勞」是什麼？

嗅覺神經的疲勞稱為「嗅覺疲勞」，原理是嗅覺受器相同的化學分子結合過久之後，受體漸漸失去結合力，於是不再將刺激傳至嗅覺中樞，大腦也不再產生嗅覺意識。
其他如視覺、溫覺、味覺……等都會產生類似現象，原理不盡相同，但經過連續的相同刺激之後對原刺激的靈敏度會降低，這現象稱「感覺疲勞」。

芳香植物雖然也會固定出現在某些科別之中，例如芸香科，但「香味」的判定常帶有主觀意識的因素，很難成為一個具體的類別。因此以下只選擇幾種較為大眾化的植物，要你「聞香而來」！雖然植物高度無法絕對嚴謹地畫分，下一章節開始，約略以植株的外型高度特徵區分為四類：分別是單子葉植物中的芳香植物，以及雙子葉植物的喬木類、灌木類、草本類中的芳香植物。

好好運用你的嗅覺，繼續闖關，挑戰成為生物小高手吧！

第1課

↑台灣地區野薑花的花期很長，約從五月持續至十月。野薑花的盛開時，一整路的芬芳能讓人忘記疲累。

三月沒有野薑花？芳香植物單子葉植物類

「三月裡微風輕吹，吹綠滿山遍野，雪白又純潔，小小的野薑花……」有人聽過這首曾經風靡一時的老歌〈野薑花的回憶〉嗎？當年，我聽著這首歌，老想著一個問題：三月裡沒有野薑花啊！讓我們真正深入認識歌曲裡的野薑花吧！

什麼是「歸化植物」？

原來並不生長在本地的植物，後經人為有意或無意的引進，在不知不覺中野生馴化的植物。

認識歌曲裡的野薑花

野薑花除了是歌曲中的主角，也廣泛應用在生活中，其嫩芽及花可供食用，常聽到有人用花苞燉排骨湯，或將花晒乾後泡茶飲用。地下莖可作為薑的替代品，台灣客家部落經常利用野薑花葉子包野薑花粽。

雖然根莖葉都有可利用之處，但是它最迷人之處還是在於那股花香。入夏之後進入盛花期，一直到深秋，都可以循著那股甜蜜的芬芳找尋薑花潔白的蹤影。

由雄蕊特化而來的花瓣

花瓣　　花蕊

↑ 野薑花的白色花朵與綠色苞片。　　　　↑ 一朵野薑花的構造。

　　野薑花又名穗花山奈、蝴蝶薑，原產於印度、馬來西亞等地，並非原生種，只是很能適應台灣的氣候環境，而成了**歸化植物**。

　　它和薑、薑黃、月桃、荳蔻，同屬薑科植物。它是多年生草本，植株高約一公尺，葉互生，典型的單子葉平行脈，若輕摸葉片有柔軟觸感，上表面光滑，但下表面則有細細的柔毛；開花時花序自植株頂端生出來，每一朵花都有大型苞片保護。

　　如果由生物初學者來自由解讀這一朵花，可能會說，它有四個兩兩對稱的花瓣，一個花蕊。但正確說來，展開於兩側的「花瓣」，還有中間寬大、二裂的「唇瓣」，都是由雄蕊退化而成；至於唯一一枚有生殖能力的雄蕊，則和雌蕊的柱頭合生。野薑花的花瓣還在，只是細細長長地縮了起來，不像瓣化雄蕊那麼引

↑ 像不像是隻粉橘色蝴蝶？

↑ 野薑花的果實為三瓣裂的蒴果；種子紅棕色，種子上有紅色假種皮。

↑ 野薑花上的白波紋小灰蝶。

人注目。果實為三瓣裂的蒴果，開裂時顏色鮮豔引人注目，只是自然情況下，結果率並不高。

　　順便一提，觀賞野薑花時也很容易看見飛舞其間的白波紋小灰蝶。因為它的幼蟲以野薑花或月桃等植物的花苞和花瓣為食，所以雌蟲會選擇在這些植物的葉片上產卵，這樣一來，幼蟲一出來就有食物可吃了。

利用價值極高的月桃

　　和野薑花同屬薑科的月桃也是香氣四溢喔！早年，月桃可是利用價值度很高的民俗植物。例如，它莖狀的葉鞘晒乾後可編製成草蓆或繩索，月桃葉可以包粽子，或做為紅龜粿的襯底；種子可用做為「仁丹」或「口味兒」的原料之一。「口味兒」在口香糖尚未普及的年代相當有名，具有提神醒腦、健脾暖胃的功能。月桃花季約於盛夏時節，它不是園藝植物，所以想要欣賞月桃花，得在低海拔荒地或郊山搜尋它的芳蹤。

　　找到它的花時，可湊近它，仔細觀察，花朵具有匙狀寬卵形唇瓣，唇瓣前端有皺褶波浪狀感，底部則是黃色鑲嵌深紅色紋彩的藝術感，極具特色。

聞香之餘認識三種台灣原生百合

　　接著要介紹的香花植物是百合花。百合花泛指百合科百合屬植物，是全世界產值最高的球狀「鱗莖」類花卉。花店中，它是很常出現的切花，以香水百

↑ 原產於台灣、亞熱帶地區，薑科月桃屬的月桃的花序。

↑ 細看一朵月桃花。

↑ 月桃花的果實與種子，種子是「仁丹」原料之一。

↑ 奧萬大的台灣百合，植株常常比人還高。
葉子呈窄細長形。

↑ 大雪山的夏季也常常盛開著台灣百合花。

合、姬百合、葵百合為大家最熟悉的種類。台灣也是
有原生種百合的，現存有三種：台灣百合、鐵炮百
合，和瀕臨絕種的豔紅鹿子百合，這三種都是特有
種，值得我們在聞香之餘好好認識！

　　台灣百合是三種之中分布最廣泛的一種，從海
拔兩、三千公尺的高山到低海拔郊山，甚至是海邊都
有其蹤跡。它是多年生草本植物，莖細長直立少有分
枝，葉片細長，約八至十五公分，輪生或互生。開花
時間因海拔而異，約於春至夏季，花單朵或多朵自植

「花被」是什麼？

花蕊外圍的花葉稱為「花
被」。常可分為花萼與花
冠。
花萼之內每一片稱為花瓣，
一朵花的所有花瓣統稱花
冠。

↑ 台灣百合，花被六枚，雄蕊六枚，柱頭
三裂。

↑ 偶見的台灣百合雙胞胎。

株頂端生出，花冠白色呈喇叭狀，花被外部中肋處常帶有紫色條紋，顏色深淺與數量多寡不一，有的甚至淡到幾乎純白。雄蕊的花藥黃色或黃紫色；雌蕊花柱細長，柱頭三裂，淡青色；慢慢觀賞，可以嗅到它淡雅的香氣，然後慢慢感受它潔白的魔力。

授粉之後結果，果實圓柱形，成熟後會自頂端裂開，種子從中散出。種子很薄很扁，數量很多，一個果莢約有上千粒種子。

↑ 台灣百合的果莢與種子。

第二種原生種百合為**鐵炮百合**，它的花朵和台灣百合極為相似，大部分人都依靠花瓣背面是否有紫紅色條紋去加以辨識，但這樣的辨識並不完整，如能再加上葉形與分布地點，會更有助於分辨兩者。

如果花冠背面上有紫紅色條紋、葉子細長，那就是台灣百合，但如果花冠背面無此特徵、葉子細長，極可能也是台灣百合。鐵炮百合花色純白，有淡淡香氣，且葉子較寬，在野外也不易結果。

除了外部型態，兩者的產地也有差異，鐵炮百合只分布在東部、北部及離島地區，台灣百合則廣泛分布於全島各種海拔地區。

↑ 鐵炮百合。鐵炮百合花色純白，葉子較寬。

最後介紹的原生種百合為**豔紅鹿子百合**，它為多年生草本，有肥大的地下鱗莖及豔麗的花朵，可惜分布範圍很小，只在新北市平溪、石碇至基隆一帶，海拔兩百至六百公尺，向陽坡面的峭壁上。花瓣為白色底綴著許多紅色斑點，花被邊緣呈波浪狀並強烈反捲。花朵大型，花色亮麗，在八月盛花期時懸在山崖峭壁，若有幸遇見，可要小心謹慎站穩腳步。

因棲地破壞，加上人為過度採摘，於是豔紅鹿子百合面臨了生存危機。「世

↑ 豔紅鹿子百合開花時，花朵下垂，花被反捲。

↑ 豔紅鹿子百合經常開在崖壁上，想拍下一張它的好照片，真是不容易。

界自然保育聯盟」（IUCN）將它列為「嚴重瀕臨絕滅」的植物，民國九十五年開始，平溪鄉農會、平溪國小等單位合作進行復育工作，在平溪地區栽植豔紅鹿子百合。我們期望平溪不再只以天燈聞名，畢竟放天燈活動潛藏著危害自然環境的疑慮，衷心企盼平溪能慢慢轉型成為「鹿子百合的原鄉」。

↑ 豔紅鹿子百合花謝之後，子房慢慢發育為果實。

① 關於野薑花的敘述，下列何者正確？

（A）從〈野薑花的回憶〉這首歌之中，就可以知道它的花期是三月。
（B）它只能觀賞，沒有食用價值。（C）它有四個兩兩對稱的花瓣，一個花蕊。（D）它花朵白色，展開如蝴蝶的「花瓣」，是由雄蕊退化而成的。

② 關於月桃的敘述，下列何者正確？

（A）月桃在過去是常用的民俗植物，現在已經很稀有了。（B）月桃花的種子是「仁丹」原料之一。（C）月桃現在仍可見，為園藝植物。（D）月桃和水蜜桃、毛桃同屬薔薇科植物。

③ 下列何者不屬於台灣原生種百合？

（A）香水百合。（B）台灣百合。（C）鐵炮百合。（D）豔紅鹿子百合。

④ 關於台灣原生種百合的敘述，下列何者正確？

（A）台灣現存有四種原生種百合。（B）台灣原生種百合花朵皆為純白色。（C）台灣百合分布範圍小，有瀕危的疑慮。（D）豔紅鹿子百合因棲地破壞，以及它豔麗的花朵常遭人過度採摘，而出現了生存危機。

解答

① （D）它花朵白色，展開如蝴蝶的「花瓣」，是由雄蕊退化而成的。

說明：（A）知名老歌的歌詞有點錯誤，野薑花的花期是在入夏之後一直到深秋之間，並非三月喔！（B）野薑花不僅美麗，嫩芽、花、地下莖都能食用喔！（C）請重新翻閱 P50 的照片，再次溫習野薑花的構造！

② （B）月桃花的種子是「仁丹」原料之一。

說明：（A）月桃並非稀有植物。（C）月桃並非園藝植物。（D）月桃和野薑花一樣屬薑科植物。請小心不要混淆了喔！

③ （A）香水百合。

說明：其他三種都是台灣原生百合，你答對了嗎？

④ （D）豔紅鹿子百合因棲地破壞，以及它豔麗的花朵常遭人過度採摘，而出現了生存危機。

說明：（A）台灣現存三種原生種百合，並非四種。（B）台灣原生種百合花朵並非都是純白色。（C）台灣百合分布範圍廣，是三種原生種百合當中最廣泛的一種。

第2課

↑ 玉蘭。

玉蘭花的香氣裡都是回憶！
芳香植物雙子葉植物喬木類

回憶起我對祖母、外婆的印象，都少不了她們別在頭髮上的玉蘭或含笑的香氣。我父親也一樣喜歡摘一朵放在口袋中，這些由花香串起來的記憶未曾因時間久遠而消失過，反像甜蜜的老酒，越陳越香。聞到玉蘭花香，你也會想起什麼記憶嗎？

喬木是什麼？

植物體具粗大明顯的主幹，離地面一段距離後主幹才長出分支，同時是樹高五公尺以上的木本植物。

↑ 含笑花。

外觀美麗香氣宜人的玉蘭花

以下介紹芳香植物中的喬木。首先要介紹的是其中最高大的玉蘭花。木蘭科的玉蘭花引進台灣栽培已有三百多年，台灣氣候很適合玉蘭花生長，早期婦女常將花朵做為髮飾或別在衣襟上當裝飾，自然美觀又香味宜人。

玉蘭花為烏心石屬，樹幹直挺，枝條繁多，小枝條為淺綠色。花被六枚或更多，每三片一輪，螺旋狀排列，雄蕊、雌蕊數量都不少。花期以夏天為主，花謝之後，不易看到它的果實種子。販售的玉蘭花是

未開的花苞，它的花瓣其實可以完全開放，露出花蕊，但開花時間不久。

木質優良的烏心石

　　木蘭科另有烏心石屬，其中代表植物當然就是烏心石，它可是台灣「闊五木」成員之一喔！由於它心材顏色深且堅硬，因此被稱為「烏心石」，長輩們對於這名詞應該不會陌生，因為它的木材質地優良，常被用來製成家具或砧板。如今我們也許已經不再利用它的木材，卻還是可以好好欣賞這原生種芳香植物的特色。它分布於全台中低海拔山區闊葉林中，花期在一至二月分。如果你嗅覺敏銳，這季節走入淺山，聞到遠處飄送著淡淡的清香時，大約就是烏心石了，如果你嗅覺不太靈敏，冬季進入郊山時望見滿地白色落花，也可以推測你可能與烏心石邂逅了。這時請記得抬頭找尋它的花朵，深吸它的清香。

　　花落之後果實漸漸長成，約在秋季

「台灣闊葉五木」是什麼？

在台灣，「闊五木」大部分指的是台灣最好的五種木材闊葉樹。包含烏心石、牛樟、台灣櫸樹、櫸木、樟樹。

↑ 烏心石的花，花瓣與花萼不分，統稱花被片，約九至十二枚，白色略帶淡黃。

↑ 在冬天時，烏心石常常這樣花落滿地。

↑ 抬頭看看大自然中難得的香花。

↑ 烏心石的果實與種子。

↑ 木蘭花。

↑ 夜合花，花朵白色。

成熟，果實內含紅色種子。由於烏心石植株常高至二十公尺，因此我們往往先在地上看到紅色種子，才會抬頭找尋它的身影。

木蘭屬的木蘭花和夜合花

「木蘭家族」除了烏心石屬之外，木蘭屬中也是喬木，大家較為熟悉的以阿里山森林遊樂園區裡的木蘭花，及夜合花最為常見。

木蘭花又稱辛夷，早期台灣少有種植，近年來引進漸多，植為園藝花卉，大台北地區的朋友可就近於淡水賞木蘭花，不一定要上阿里山。它的花期約在三月，遠遠望去好像樹上開滿了蓮花。以白色花為主，也有白色帶點紅暈及暗紫色的，感覺十分大器，又散發著溫和的芬芳，不難理解為何它能成為馳名中外的庭園觀賞樹種。它的香味當然也會被加以提煉利用，木蘭花含芳香油，可用於香皂、化妝品、香精等，是價值頗高的香料。

同屬木蘭科木蘭屬的另一成員是**夜合花**，它的花期在夏天，相較於木蘭花的大花朵，夜合花小了一號。入夜後香氣較白天濃郁，有人以「成熟的鳳梨香」來形容，大家可以試著聞聞看，一邊想想可以如何形容一種植物的味道。

少了它就做不出高級香水的香水樹

香水樹的樹名讓人立即聯想到香水，沒錯，它的花的確可以提煉「伊蘭香精油」，是用以製作高級香水的原料之一。香奈兒五號、伊莉莎白雅頓的第五街……等許多經典香水都以伊蘭精油為主要成分之一。

香水樹為番荔枝科香水樹屬，番荔枝科植物中有位我們很熟悉的成員，那就是釋迦。

↑ 香水樹植株。花期很長,從夏天到秋末都能
開花。

↑ 香水樹初開花時。

↑ 香水樹花瓣漸漸轉黃,香氣漸濃。

↑ 香水樹的果實,聚合果。

　　香水樹原產於菲律賓及印尼,台灣零星種植為校園植物或觀賞樹木,葉為單葉對生,排得很整齊,就像是羽狀複葉。整株植物最具特色之處正是它的花朵,花的型態與顏色都特別。常單一或數朵簇生在枝條上,三枚綠色萼片,六枚帶狀花瓣。花蕾剛開時,花瓣小小的,綠色,數天之後花瓣漸長,先端漸尖而扭曲下垂,並轉為黃色,這時開始有香味,將凋萎時,香味更濃。花謝之後結實纍纍,又是另一種風景,果實屬於聚合果,各小果有柄,為漿果,成熟時由墨綠漸漸轉為紫黑,內有數粒種子,讀者可以試試可否發芽。

花瓣如鷹爪的香花植物鷹爪花

　　番荔枝科中還有一種香花植物鷹爪花,雖然與香水樹不同屬,卻有許多相

↑ 鷹爪花初為綠色。

↑ 鷹爪花成熟後呈黃色。

↑ 鷹爪花謝後子房繼續發育，結果，為聚合果、卵形，初為綠色。

似之處。長住北部的讀者可能對它覺得陌生，中南部朋友見到它的機會就多了。直到現在，我陪同雙親在鄉間散步時，總會在盛暑至秋天之間聞到花香，如果攀得到枝條，我往往會摘下盛開的鷹爪花放在口袋，一路芬芳。

　　鷹爪花，又名鷹爪桃，因為花瓣彎曲有如鷹爪，果實外型像縮小版的桃子。為常綠灌木，具攀緣性。單葉互生，花有二輪花瓣，外輪較長，初開時綠色，再逐漸轉為黃綠色，和

↑ 果實成熟後呈黃色。

香水樹一樣，花朵轉黃時具有濃郁香味。花謝後也會結果，為聚合果、卵形，初為綠色，成熟後呈黃色。

綠油精的原料之一白千層

從植物提煉芳香精油除了製作香水之外，還可以製作比較親民的居家小藥品，如萬金油、綠油精、白花油，這些藥品使用的植物精油來源之一就是**白千層**。

比起前述幾種芳香大樹，白千層也親民多了，台灣於一百多年前便已引進，栽植於公園、校園或道路兩旁，極為常見。

白千層為桃金孃科的常綠大喬木，樹幹淺褐色，常長出突起的樹瘤，樹皮具彈性。由於它的木栓形成層每年都會向外長出新的木栓層，但老皮仍然一層層留在幹上，整個樹幹就像是一本被歲月翻爛的舊書。

如果不看樹幹，只看葉子，白千層和相思樹的葉子很容易混淆，因為兩者都是披針形、平行脈，但在前文提過，相思樹上所見的葉片都是「假葉」，是由葉柄特化而來的，這是兩者不同之處。

白千層的葉子和與嫩芽可以提煉白千層精油，具有殺菌的效果，是洗滌、保健等醫療用品的主要原料之一。

花期約於夏末至秋季，花白色至淡黃色，許多小花緊密排列一起，很像一支小瓶刷，小花花瓣五枚，雄蕊多數，花絲細長，集合起來就像支瓶刷。

↑ 白千層是常見的行道樹，有抗二氧化硫的能力，是有名的優良環保樹種。

↑ 白千層有如千層派的樹皮，會透露出它的年齡喔！

↑ 白千層的葉子和與嫩芽可以提煉精油。

↑ 白千層像小瓶刷般的花序。

① 下列何者是沒有明顯香味的樹木？

（A）相思樹。（B）白千層。（C）香水樹。（D）烏心石。

② 下列何者不是台灣早期婦人身上或頭上常戴的香花飾品？

（A）含笑花。（B）玉蘭花。（C）鷹爪花。（D）玫瑰花。

③ 關於烏心石的敘述，下列何者正確？

（A）花期在三至四月，花色暗淡，故名烏心石。（B）是台灣闊葉五木之一。（C）只開花不見結果。（D）木材質地柔軟，不適用於家具製作。

④ 讀完本文，下列敘述何者正確？

（A）香水樹、鷹爪花與我們食用的釋迦同科。（B）玉蘭花、含笑花、烏心石與我們食用的蓮子同科。（C）香花植物大都是有毒植物。（D）香花植物花朵顏色常呈豔麗色彩，少有白花色系。

解答

① （A）相思樹。

說明：（B）、（C）、（D）都有明顯香氣喔！

② （D）玫瑰花。

說明：如果仔細讀過這一章，應該很容易就答對喔！你答對了嗎？

③ （B）是台灣闊葉五木之一。

說明：（A）烏心石的花期在一至二月。（C）花落之後果實漸漸長成，約在秋季成熟。（D）烏心石的木材質地優良，常用於製成家具或砧板。

④ （A）香水樹、鷹爪花與我們食用的釋迦同科。

說明：生物小高手們，你答對這一題了嗎？仔細讀這一章，試著找出答案吧！

第**3**課

↑ 月橘花季長，是很受歡迎的園藝植物。

桂花比較清新？還是咖啡比較香？
芳香植物雙子葉植物灌木類

↑ 花朵盛開，花朵數也多。

　　甜膩的桂花、清新的柚子、濃郁的月橘、沁人心脾的咖啡……閉上眼睛，在腦中想像它們的氣味，你覺得誰比較香呢？它們都是芳香植物成員裡的灌木類喔！

月橘就是七里香

　　月橘是很常見的校園植物，它其實就是常聽到的「七里香」。它還有別名「十里香」，台語音稱它為「石柃」。月橘是芸香科家族的成員，為常綠灌木或小喬木，葉片互生，奇數羽狀複葉，小葉五至九枚，以七枚較為常見，逆光觀察它的葉片，可以看見點點透明的油腺，所以葉片經搓揉會有香味。除了葉片之外，它的花瓣、果實也都具有**油腺**，這正是芸香科植物的特徵。

　　月橘的花期很長，從夏日到秋季都可見開花，花瓣白色、五枚、雄蕊十枚，五長五短圍著一枚雌蕊。花朵的香氣極為濃郁，能擴散的距離很遠，雖然

↑ 近看月橘的花，五花瓣、白色、雄蕊十枚。　↑ 果實成熟後紅色，可食用。果實的外型像不像農曆十五前後幾天的月亮？

不至於遠到有數公里，但又有七里香、十里香之名，可見其香遠播威力。花謝後果實初為綠色，外型像個縮小版的檸檬，直徑約一公分，成熟後為紅色漿果，可以食用，但無美好滋味。

月橘的「雙胞好友」樹蘭

月橘還有一個的「雙胞」好友樹蘭，長得很像，但沒有太近親緣。樹蘭是楝科，既非蘭科也非芸香科，但一樣是花香淡雅高尚的植物。早年，在我居住的南部鄉間，人們沒有餘錢買花來插，我常見到我的祖母在餐桌上放置一盤樹蘭花以添室內清香。因為它的香氣，樹蘭除了做為庭園植物或綠籬之外，也可以薰茶、製作線香或提煉香精。

樹蘭和月橘最容易混淆的部分是葉子，練習分辨植物中的雙胞好友，就是植物觀察的樂趣之一。我們可以小葉的著生方式來區別，樹蘭的葉互生，奇數

↑ 右為樹蘭，左為七里香的葉片。

↓ 樹蘭的花小而多數，黃色

羽狀複葉，這一點和七里香一樣；但小葉的數目和著生方式有差異，樹蘭的小葉對生，常為三至五片；七里香的小葉互生，常為七片。有時對生互生也很難區分，我們還可以再以根據前文提及的「油腺」輔助，逆光觀察，如果肉眼可見一點一點透明的油腺，那就是芸香科的月橘。

↑ 近看還不夠清楚，可以放大鏡觀察樹蘭的花，五花瓣、覆瓦狀排列、雄蕊五枚，圖為一小朵樹蘭花的對切。

芸香科不一定香？

光是聽到芸香科的科名似乎就可以嗅得一絲絲芬芳，不過嗅覺喜好是很主觀的，總是有人不喜歡，甚至覺得臭。例如該科植物的代表「芸香」，枝葉翠綠，花色鮮黃，是很耀眼的綠化植物，但全株散發出的特殊氣味，有些人就敬謝不敏了。它有不少俗名，如臭芙蓉、臭草、臭艾，從這裡可以知道它並非人見人愛，古時它還被拿來驅魔避邪。也有人稱它小香草，可做為插花素材。還有人煎煮芸香用來提昇香氣、防蟲。有

↑ 芸香。

機會請親自體會它的氣味，看看你覺得它「香」還是「臭」？試著形容一下它的氣味。

柚子花香更勝七里香

芸香科的成員中，其實還有柑橘、柳橙、柚子、檸檬等柑橘屬的水果，經濟價值極高，廣受歡迎。

這些水果中，論花香，**柚子花**應該是第一名，其花香傳播得比七里香還要遠。柚子花期在春天，花瓣白色五枚，具濃郁香味，花徑約二至三公分，在柑

↑ 柚子開花時，香氣逼人。

單身複葉

↑ 植株上的長刺與單身複葉

↑ 偶爾會遇見植株上的大鳳蝶幼蟲，正露出臭角。

橘類中是較大型的花朵。幼小時莖上帶著長刺。葉子則是特殊的單身複葉，還是某些鳳蝶類幼蟲的食草。有機會觀賞柚子葉時，可以一併找尋鳳蝶幼蟲。

什麼是「單身複葉」？

它是複葉的一種，在葉柄頂端長出一大一小前後相連的小葉，即「單身複葉」。

木犀科的桂花和茉莉花

　　台灣地區芳香植物中最有名氣的可能就是**桂花**了，它有一股甜蜜蜜的芳香味，誘惑人的嗅覺與味覺。農曆八月，古稱「桂月」，就是因為桂花多在此時開放，中秋賞桂最是花香月圓的浪漫。台灣園藝花卉上栽培最多的是全年均可開淡黃色花朵的品系「四季桂」，其他品系多以花色命名，如黃色花稱金桂，白色花為銀桂，橘紅色花為丹桂。桂花屬於木犀科，葉子為單葉對生，葉色濃綠。

↑ 桂花植株，常綠灌木或小喬木。

↑ 近觀一朵桂花，若非近觀，可能會以為它有四個分離的花瓣。

↑ 多瓣茉莉花開花時間長，香氣較淡。

↓ 同為木犀科素馨屬的毛茉莉花，花較大朵，白色，微帶香味。

花朵細小眾多，花徑約〇·五公分，具濃郁香氣，有兩性花也有只具雄蕊的單性花，花冠展開時具深四裂，近看或透過放大鏡可以看見兩枚雄蕊，是植物界中雄蕊數極少的種類。園藝品種多為單性雄株，所以也少見桂花結果。

除了園藝觀賞之外，古人很早就很懂得利用其香氣，例如製成花茶、桂花油、桂花糕、桂花釀，滿足人們的味覺、嗅覺，在詩詞、歌曲、小說、電影中，亦常見到它的身影喔！

茉莉也是木犀科的香花植物，在東西方皆廣泛種植應用。茉莉花有很多品種，有些是專門用以製作茉莉香片花茶的。而國外栽培的茉莉花品種多用於提取香精、精油。栽培品種依花形結構，一般分為「單瓣茉莉」、「雙瓣茉莉」、「多瓣茉莉」三種類型。這裡的「瓣」指的是花冠的層數，分為單層、雙層，或多層。

庭園常見的艷黃身影——黃梔

喜歡香花的讀者一定也不會漏掉黃梔花，它是公園、校園、庭園常見的景觀植物，它不只用於觀賞，中藥上的「梔子」就是它乾燥的果實。成熟的果實還可以提取黃色素，作為黃色染料，花朵晒乾後可供作花茶香料，是值得認識的好植物。

黃梔又名「梔子花」、「山黃梔」，為茜草科，花白色大朵，有著宜人的香氣。花萼長，五至八個綠色裂片；花冠五至八裂，以六裂最為常見。園藝上有重瓣的黃梔，又稱「玉堂春」，花期從春到秋，和單瓣黃梔一樣都具有清新的花香味。

↑ 單瓣的黃梔。這裡的「單瓣」指的是「花冠只有一層」。

↑ 單瓣黃梔的花苞,可見綠色花萼五至八裂。

↑ 黃梔逐漸成熟的果實。

↑ 重瓣的黃梔。花開之後會漸漸轉成黃色。「重瓣」在此指「花冠一層以上」。

享受美味咖啡也順便聞聞咖啡的花香

　　若告訴你咖啡樹也屬芳香植物,大家會想到的可能不是花香,而是熱咖啡飄散而出的咖啡香。近年喝咖啡風氣開始普及,你對咖啡了解多少呢?

　　咖啡樹與黃梔同屬茜草科,這一家族中還不少味道特異的成員,例如以臭味聞名的雞屎藤、雞屎樹。咖啡樹為常綠喬木,葉片對生。葉片表面深綠色,葉背淺綠,開花為純白色,花冠五裂片,散發濃烈香氣,內有雄蕊五枚,雌蕊一枚。

　　樹齡四至五年的咖啡樹都會開花,花期約在春天,香氣有點像茉莉花,花謝後結果,一開始為深綠色,漸漸成熟後,便會轉成黃色,再至橙紅色,最後變

↑ 咖啡樹。

為深紅色。

　　鮮紅的外果皮下有兩顆種子，俗稱咖啡豆，但它並不是豆科植物。種子一面扁平狀，兩兩相對，看起來像花生種子的兩枚子葉，但事實上它並不是子葉。咖啡樹有時會長出一些較小的果實，裡面只有一粒咖啡豆，圓球形。由於產量較少，還需特別挑選蒐集，所以價格相對也較高。

↑ 咖啡樹結果。喝咖啡之餘，賞花，賞果也是快樂的事。

↑ 咖啡未成熟的果實與種子。

↑ 圖為烘焙過的咖啡豆。

① 關於月橘的敘述，下列何者正確？

（A）與樹蘭為同屬不同種的近親植物。（B）與柑橘、柳橙、柚子、檸檬等水果同屬芸香科。（C）葉子為複葉，小葉多為三至五枚。（D）果實圓形如滿月，故又名月橘。

② 關於芸香科的敘述，下列何者正確？

（A）家族成員皆有單身複葉。（B）花色均為白色，香味人人喜歡。（C）芸香科植物的特徵是葉片、花瓣、果實具有油腺。（D）咖啡很香，也是該科成員。

③ 關於咖啡的敘述，下列何者正確？

（A）咖啡是豆科植物，我們喝的咖啡就是果實磨成粉之後沖泡而成的。（B）咖啡和黃梔同屬茜草科植物。（C）咖啡就是豆子很香，花無特殊味道。（D）咖啡成熟之後，種子呈紅色。

解答

① （B）與柑橘、柳橙、柚子、檸檬等水果同屬芸香科。

說明：（A）月橘是芸香科，樹蘭是楝科，兩者雖然長得很像，但沒有太近親緣。（C）小葉五至九枚，以七枚較為常見。（D）月橘的果實確實圓圓的，不過，月橘的名字跟果實形狀沒有關係喔！

② （C）芸香科植物的特徵是葉片、花瓣、果實具有油腺。

說明：（A）芸香科成員並非全都具單身複葉。（B）芸香科的香氣並非人人都愛。（D）咖啡雖然香，但是屬於茜草科。這一題陷阱比較多，小高手們答對了嗎？

③ （B）咖啡和黃梔同屬茜草科植物。

說明：（A）咖啡豆雖然有個「豆」字，但不是豆科植物。（C）咖啡的花有香氣，有點像茉莉花。（D）咖啡結果成熟之後，轉成黃色，再至橙紅色，最後變為深紅色。你闖關成功，成為生物小達人了嗎？

第4課

↑ 園藝上重辦大朵的玫瑰花。花謝之後不會結果。攝於維也納。

薔薇玫瑰怎麼區分？
芳香植物雙子葉植物小灌木及草本類

↑ 學名為 *Rosa rugosa*。真正的原生種玫瑰指的就是它。攝於瑞士。

接下來介紹雙子葉植物的小灌木類及草本類，首先來談玫瑰。一提到玫瑰，許多人往往好奇「怎麼區分玫瑰和薔薇」？兩者都香氣誘人，外貌也相仿，究竟怎麼區分呢？

先談談什麼是「科」

我在「生物課好好玩」系列中一直想為讀者加強生物分類中「科」的概念，因為「分類」代表一種「血緣關係」，分類階層分得越清楚，越能釐清生物間的相關性。而學名對於多數人而言是高難度的，所以我常只談到「科」這一階層。「科」名相同就稱為同科，有的科很大，其下成員很多，例如第一章中的豆科家族，薔薇科也是個不小的團體。「科」以下又分成許多「屬」，其中最具代表性的「屬」常與「科」同名，按照這個道理推測，你應該很快就可以猜到，薔薇科中最具代表性的屬就是同名的「薔薇屬」吧！

↑ 原生種玫瑰，枝幹長滿利刺。攝於英國。　　↑ 原生種玫瑰花謝後會結果，果實扁圓形。

薔薇和玫瑰如何區分？

　　薔薇科薔薇屬中近有兩百個原生種及超過上萬的園藝栽培品種，這些植物就是一般所稱的「薔薇」。

　　玫瑰是薔薇屬中的一種原生種，學名 *Rosa rugosa*。它的莖枝直立，枝幹密生銳刺，羽狀複葉，小葉多為七片，葉脈紋路深，看起來就像葉面有許多皺褶，葉緣有鈍鋸齒。開花時，常為五花瓣，粉紅色，花謝後會結果，果實扁圓，呈磚紅色。

「聚合瘦果」

是薔薇科中的另一類果實，也是由若干瘦果聚集一起，著生於突起的花托表面，例如草莓。

↑ 薔薇果。原生種玫瑰之外，其他原生種薔薇屬植株的果實。　　↑ 成熟裂開的玫瑰果。

換句話說，玫瑰所指的就是薔薇科薔薇屬中的一個種 *Rosa rugosa*，此外，該屬其他種通稱為薔薇。只不過台灣習慣以玫瑰來通稱薔薇屬的植物，特別是重瓣花，只要是大朵的園藝品種，大家尤其統統慣稱為玫瑰。經過說明之後，你是否更清楚薔薇和玫瑰的分別了呢？

台灣雖沒有 *Rosa rugosa* 這種原生玫瑰，但大家一定都唱過由舒伯特譜曲、哥德作詞（周學普譯）的〈野玫瑰〉：「男孩看見野玫瑰，荒地上的玫瑰，清早盛開真鮮美……」這首曲子在東西方皆負盛名，傳唱多年，歌詞所指的大約就是這種原生玫瑰。

↑ 玫瑰聚合果中的瘦果。

也和薔薇屬的其他成員認識一下吧

台灣雖然沒有稱為玫瑰（*Rosa rugosa*）的原生種玫瑰，仍有約十種原生薔薇，以「玉山薔薇」海拔分布最高。它的花單朵頂生，大朵的白色花瓣是它最大特徵；花托有茸毛，萼片、花瓣各四枚。

↑ 玉山薔薇最易辨識的特徵是四個白色花瓣。

↑ 這是哪一種薔薇？若不是花期，可觀察莖刺及葉質。莖刺成對而且長度達一公分的就是玉山薔薇。

↑ 仔細看，花瓣五枚，莖刺散生、較短的是高山薔薇。

除了玉山薔薇，台灣全島中、高海拔約一千五百到三千四百公尺高的山地間還分布有原生種「高山薔薇」的族群，以合歡山區，由翠峰至昆陽一帶以及八通關草原上最容易見到，若在夏天上合歡山，別忘了欣賞台灣原生的野薔薇蹤影喔！高山薔薇萼片五枚，向後反捲，花瓣五枚，和玉山薔薇一樣都是白色。以上兩種野薔薇容易混淆，試著區分它們的異同，你會發現樂趣無窮。

和我們日常生活息息相關的香草

草本或小灌木的芳香植物中，大部分人會以香草植物稱呼，英文 Herb 源於拉丁文的 Herba，意思是綠色的草，在植物學上即為「草本植物」。不過現在一般將「任何能用於飲食、醫療、工藝、香水、染色等對人類有益處的植物」，都稱為 Herb。換句話說，香草植物不僅常見，而且是和我們日常生活息息相關的，無論東方或西方都有以香草入菜的習慣。

唇形科家族中的迷迭香

大家想必不陌生的迷迭香、羅勒、九層塔、紫蘇、薰衣草⋯⋯等，剛好都是唇形科家族成員。

↑ 迷迭香的植株，線形的葉有著濃烈的香氣。

↑ 迷迭香的花。上唇二淺裂，下唇寬大有三裂，中間裂片最大，雄蕊兩枚，雌蕊的花柱細長。

↑ 迷迭香花謝後長成果實。

　　唇形科也是個大家族，此科的有趣特徵很多，例如莖通常為四方形，常長有芳香的茸毛。還有合生、不整齊的五花瓣，分為上下兩部分，因此被形容為「唇」形，有時上下二唇的差異還不小，外觀看起來非常有趣呢！

　　迷迭香屬包含兩個種，原產於歐洲及北非地中海沿岸，陽光充足的山坡或岩石區，為常綠性植物，線形的葉具有強烈的香味，在西方常被用來搭配小羊肉烹調，也可製成精油，其芳香的萃取物常應用於化粧品、香水、香皂中。

　　三年生以上的迷迭香植株會開花喔！花小，長度不到一公分，花冠藍紫色，小巧可愛。即使不烹調肉品，也可以在自家陽台種上幾小盆，無論是聞香氣或賞花葉都是樂事。

↑ 較具台灣「家香味」的九層塔。

也是常常「鬧雙胞」的羅勒與九層塔

　　說到羅勒與九層塔的區別，就像薔薇與玫瑰難以分辨吧。羅勒是一個屬包括五十多個種，九層塔是其中一種。

　　古希臘人稱為「香草之王」的羅勒，是很大眾化的料理用香草植物，原產於印度及埃及，十六世紀前後由印度傳到歐洲，廣泛栽培於地中海沿

↑ 九層塔開花。

↑ 甜羅勒開花。花期頗長，花謝後可以收集種子，待合適季節再播種便可以繼續享用了。

↑ 羅勒植株與青醬料理食品。

岸地區等地區，是高產值的香草香料，也常運用在芳療中。

　　歐洲常見的有甜羅勒、紫葉羅勒、檸檬羅勒等，義式料理中所使用的「青醬」多為甜羅勒。台灣的九層塔常用於三杯雞或鹽酥雞，相較之下味道還是有不小差異。

可以提煉精油的到手香

　　到手香是唇形科另一種香草植物，以閩南語發音則為「左手香」，原產於馬來西亞和印度。全株密被細毛，具強烈特殊辛香味，可防蟲蛀、殺菌做為驅蟲劑，也有藥用功能。所提煉出的精油也是亞洲人喜愛的香料，常用於芳療中。

↑ 到手香植株。葉肥厚,對生,園藝上可以摘除頂芽以促進分枝生長。

↑ 小花多數,輪狀著生,花朵淡紫色或紫色,花冠長約一公分左右。

洋溢浪漫情懷的薰衣草

唇形科薰衣草屬包含了約二十四個種,都是芳香味十足的常綠植物,原產於地中海地區及北非至西南亞、印度的空曠乾燥岩石區。喜歡排水良好的土壤和長日照環境。

受到法國普羅旺斯、日本北海道富良野薰衣草美麗花海的影響,在台灣以

↑ 台中新社的薰衣草。

↑ 薰衣草的花朵。攝於英國。

↑ 西班牙薰衣草系。花序粗短，花朵暗紫，花序頂端有大型如蝶翼般的苞片。照片攝於德國。

薰衣草為名的休閒農場及電視劇，也跟著走紅。但想在台灣低海拔地區棵植並个容易，潮溼、悶熱的環境並不適合它的生長。

薰衣草可提煉精油，有的種類具有安神、助眠的效果，有的種類用於驅蟲、殺菌，有的種類則能入菜。種類不同，使用上也有所區別，在享受浪漫紫色花海時，也請注意千萬不要任意採食喔！

① 一般俗稱的香草植物，指的是？

（A）用來提煉香水原料的植物。（B）葉子很香，可泡茶用的植物，如烏龍茶。（C）植株器官可用在飲食、醫療、工藝、香水、染色等，對人類有益處的植物。（D）中藥上使用的植物。

② 關於玫瑰的敘述，下列何者正確？

（A）指的是薔薇科全部成員。（B）園藝品種多為重瓣、大朵的植株，花謝後不結果。（C）是薔薇科中的一種原生植物，台灣也有產。（D）原生種玫瑰有十個花瓣。

③ 羅勒與九層塔的關係就像是？

（A）迷迭香與薰衣草。（B）薔薇與玫瑰（*Rosa rugosa*）。（C）高山薔薇與玉山薔薇。（D）迷迭香與到手香。

④ 下列何者不屬於唇形科家族？

（A）薰衣草。（B）迷迭香。（C）到手香。（D）玫瑰（*Rosa rugosa*）。

解答

① （C）植株器官可用在飲食、醫療、工藝、香水、染色等，對人類有益處的。

說明：仔細讀過這一章的話，應該可以很輕鬆答對喔！

② （B）園藝品種多為重瓣、大朵的植株，花謝後不結果。

說明：（A）一般以「薔薇」通稱薔薇科全部成員，除了玫瑰之外。（C）台灣沒有產原生種玫瑰喔！（D）原生種玫瑰有五花瓣。

③ （B）薔薇與玫瑰（*Rosa rugosa*）。

說明：仔細看看照片，這一題也是送分題喔！生物小高手，你闖關成功了嗎？

④ （D）玫瑰（*Rosa rugosa*）。

說明：玫瑰是薔薇科家族的成員，不是唇形科家族，小達人們別搞錯了！

第**3**關

不下海，只上山——
認識中高海拔植物

闖關前的學習寶典 III

學習引導╳學習關鍵字╳生物祕笈大公開

第**1**課　台灣也有「黑森林」？中高海拔裸子植物

第**2**課　賞楓、賞花，還能賞果！
中高海拔雙子葉植物喬木類

第**3**課　紅毛杜鵑長紅毛？忍冬很耐寒？
中高海拔雙子葉植物灌木類

第**4**課　龍膽、鳳仙花、石竹，
上山賞草去！中高海拔常見草本植物

闖關前的學習寶典 III

學習引導

生物課下冊第五章、九年級地球科學

學習關鍵字

年雨量、生態系、森林生態系、板塊運動

生物祕笈大公開

全球同緯度地區少見的森林生態系

　　認識過芳香植物之後，接下來，上山去尋寶吧！

　　台灣面積不大，四面環海，卻有著多達百座以上三千多公尺的高山，海洋生態系與森林生態系均極具特色，但相較於「下海」，「上山」似乎較容易一些。只要查好資訊，妥善規畫行程，備好安全上必要的簡易登山裝備，帶著輕鬆愉快的心情，台灣的森林生態系相信會帶給你許多令人驚豔的奇遇喔！

　　台灣位在北緯約二十二度至二十五度之間，翻開世界地圖，這個緯度多屬於年雨量極少的沙漠生態系。因為回歸線附近部分地區，氣候上受到受副熱帶高氣壓籠罩，高氣壓中心的氣流會下沉，空氣在下沉過程中，溫度會逐漸升高，使得空氣中所含的水氣不易凝結，所以天氣多晴朗無雲，氣候炎熱少雨，長期乾旱缺雨，便形成了沙漠。在這個緯度，只有台灣和雲南緬甸的交界處附近為年雨量一千公釐以上的森林生態系。仔細想想，會覺得非常寶貴呢！

　　台灣位在於歐亞大陸板塊及太平洋海板塊的交界，這個地區的氣候特色就是季風。正是季風及海洋，為台灣帶來豐沛的雨量。

台灣的誕生與「板塊」息息相關

台灣位於歐亞大陸板塊東南邊緣，受到海洋板塊的擠壓，海底沉積物隆起形成古台灣島，這大約是距今一億年前的第一次**造山運動**。之後，這兩大板塊持續推擠，海底沉積物冒出海面，這些就是台灣島的雛形。

時間拉近到距今一千多萬年前，「菲律賓海板塊」開始向西移動，推擠歐亞大陸板塊，使得小火山島逐漸往台灣靠近，撞上古台灣島並合為一體，這是第二次造山運動。之後，菲律賓海板塊持續往西北方向擠壓歐亞板塊，於是台灣島露出海面的面積越來越多，也越來越高。約兩百萬年前，台灣島的形狀和現在的外形已無太多差異了。至今，菲律賓海板塊每年仍以七公分的速度擠向歐亞大陸板塊，所以台灣也仍持續在長高。這就是為什麼台灣土地面積僅有三萬六千平方公里，而三千公尺以上的高山會如此之多的原因了。

山勢高低起伏，不同海拔形成不同氣候帶，也提供了不同樣式的生態環境，讓不同種類的生物棲息、生長。而高山與高山之間，特別是中央山脈的東西兩側，因地理阻隔生物交流不易，而有助於特有種及特有亞種的形成。這也是台灣生物如此多樣化的原因之一。

低海拔**原始林**已難看見，人類多將之開發為農田、菜園、茶園、果園、檳榔……等，常形成「物種單一化」、「多樣性不足」的現象。公園綠地種植的物種也是以能適應低海拔的園藝植物為主。所幸，台灣的中高海拔尚存有些許未經人為大力破壞之地，其動植物等生態景觀極具特色，非常值得探索，花點時間，挑戰自己的體能爬山，就能觀賞到平地少見的生態景觀喔！

隨著海拔漸增，你會發現植物相也開始不太一樣呢！海拔五百至一千八百公尺之間以常綠闊葉林為主，一千八百至兩千五百公尺之間為台灣降雨量最大的

一起動動腦吧！

每立方公尺的水是一千公斤。若今日降雨量只有一毫米，落到一千平方公尺的田裡，會增加多少水呢？

解答：$1mm=0.001m$

$0.001m×1000m^2=1m^3$

$1m^3×1000kg/m^3=1000\ kg$

地方，每年約有四千公釐，終年雲霧繚繞，形成特殊的**霧林**景觀，以檜木林為典型代表，如紅檜、台灣扁柏等。海拔兩千五百至三千公尺以上地區，則以常綠針葉樹為主，例如台灣鐵杉、台灣華山松、台灣冷杉等。海拔三千五百公尺左右的高度就沒有高大針葉樹的森林了，一般稱為**林木界限**，以玉山圓柏、刺柏、小蘗、一些低矮的杜鵑或由箭竹形成的草原為主。

　　在接下來的第三關章節當中所談的中高海拔，並不是根據學術上明確高度的區分規則，僅依海拔高低進行概念性的畫分。例如，「高海拔」所指大約是高於兩千五百公尺的冷、鐵杉針葉林，「中海拔」指一千至兩千五百公尺之間的山區。除了森林中的大樹之外，再度以植株高度，略分為四堂課，分別帶大家一一闖關！

↑ 遠眺台灣森林生態系。攝於新竹五峰。

↓ 森林生態系。台灣的祕境在這裡！攝於梅峰。

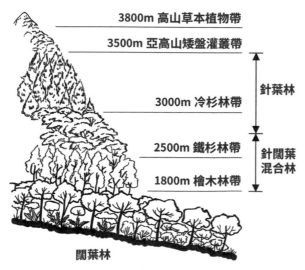

3800m 高山草本植物帶
3500m 亞高山矮盤灌叢帶

3000m 冷杉林帶　　} 針葉林

2500m 鐵杉林帶
1800m 檜木林帶　　} 針闊葉混合林

闊葉林

↑ 海拔高度與天然植物垂直分布圖。

↑ 威氏粗榧。

台灣也有「黑森林」？中高海拔裸子植物

如何判定「神木」？

沒有絕對的定義，通常有以下兩種意思：一種是當作神明祭拜的樹，另一種是樹齡超過一千年以上的巨木。

台灣海拔一千八百至三千五百公尺之間的森林樹種大約都是針葉植物，所謂針葉林，就是以裸子植物為主的森林。台灣最為珍貴的五種針葉木稱「台灣針五木」，成員有紅檜、扁柏、台灣杉、香杉、台灣肖楠，一起來認識它們吧！

針葉是什麼呢？是仙人掌身上那種防止水分蒸散的針狀葉嗎？錯了，仙人掌並非裸子植物，裸子植物針葉的意思，是葉片像一支針的形狀。想想松與杉的葉片外觀，可能比較好理解，扁柏屬就需要比較進階的觀察力了。請先注意扁柏類植物枝條平展，小枝綠色呈扁平狀，其「針葉」就覆蓋在扁平枝條上面，接近三角形，先端漸尖銳，呈鱗片狀。在小枝側面也有葉片，是覆瓦狀，對生，也是先端尖銳狀。

↑ 裸子植物的各種針狀葉。依序為：華山松（左上）、威氏粗榧（右上）、二葉松（左下）、台灣穗花杉（右下）。

森林裡的主角：檜木

　　迷霧森林裡的主角非檜木莫屬。世界上現存柏科檜木屬（*Chamacyparis*，也有譯為扁柏屬）的植物僅有七種，台灣就有兩種：**紅檜、台灣扁柏**，就是我們通稱的檜木，其木材為「針五木」中最優質的。

　　原始林中的台灣檜木樹齡大多超過千歲，成為「神木」或巨木。樹形漂亮、樹徑粗大，木材紋理細緻，觸感柔和，色澤優美且耐腐蝕，更特別的是具有特殊的芳香味。我的父親酷愛檜木家具，因此檜木的味道自童年便開始進駐記憶深處。這些上等木材在過去普遍用於建築或家具，深受日本人與台灣人喜愛。但現在無論是紅檜或扁柏都是珍貴的生態資產，欣賞與保育更甚於經濟價值了。

　　檜木是大喬木，一般生長在一千五百至兩千五百公尺的海拔環境，這海拔經常是雲霧繚繞，稱為霧林帶。因檜木多生長於霧林帶，因此也稱「檜林帶」。

↑ 紅檜樹幹由於常有分枝發生，及內部中空、樹形特殊、材積不良等現象，因而被伐木者遺棄不用，得以留存較多個體。即為莊子所言：「此木以不材得終其天年。」

↑ 成為神木的紅檜，在神木面前，深深感受人類的渺小，更覺應當尊重自然。

　　紅檜、台灣扁柏這兩種檜木相似度極高，初學者往往需要經過觀察與練習才能辨別。紅檜的樹幹偏紅褐色，樹皮較細緻，常呈薄片狀，因此紅檜又稱「薄皮仔」。而台灣扁柏樹皮的剝片較厚，裂溝較深，又稱為「厚殼仔」。另外，扁柏主幹的樹皮常具有明顯的扭轉紋路，從遠處就可以清楚分辨得出。

　　如果檜木太過巨大，只能看到樹幹，就以樹皮來辨別；若能親近針葉或撿拾掉落地面上的枝條，便能就近觀察加以辨識。有機會上山時請試試看！

↑ 典型的霧林帶景觀，雲霧飄渺、檜木聳立，是台灣的特殊景觀之一。

↓ 檜木的針狀葉扁平狀。像不像由許多塊小小綠色三角形拼出來的線狀圖案？

↑扁柏的樹幹，有明顯的扭轉紋路。

↑扁柏的樹皮剝片較厚，裂溝較深。

↑紅檜的樹幹與樹皮。

↑扁柏的葉，先端鈍形，逆撫觸無刺感。

↑紅檜的鱗片狀三角形葉，先端尖銳，逆撫觸有刺感。

↑猜猜哪個是紅檜？哪個是扁柏？大家可以先試著判斷看看。答案在第 93 頁頁面最下方。

紅檜、台灣扁柏比一比

特徵	紅檜	台灣扁柏
樹幹	樹幹基部較大，多有分枝。	直立伸展，常有明顯的扭轉紋路。
樹皮特徵	較薄。	較厚。
樹心狀況	易腐蝕而成空心狀。	偶有腐蝕，多實心。
針狀葉	葉較尖，倒摸起來有微刺感。	葉較鈍，摸起來較渾厚少刺感。
毬果	橢圓，較小。	球形，較大。

唯一以「台灣」為屬名的台灣杉

　　針五木之中的老三**台灣杉**，生育地不僅與紅檜相似，更是全球唯一以「台灣」當屬名（*Taiwania*）的植物。非常罕見呢！

　　它與銀杏、水杉，以及及原產美國加州、世界上最大的樹木「世界爺」（*Sequoia*）等同為頂級珍寶，是早期地質時代的**孑遺植物**。

　　台灣杉樹形優美，樹幹筆直，可高達五十公尺，樹枝水平伸展，小枝柔軟下垂。較特別的是它的針葉有兩型，幼枝葉片密生，多為針形，長約一至二公分，剛硬、表裡兩面均有溝紋；老枝葉為鑿形或鱗片狀，長約〇·三至〇·五公分，先端銳尖，基部廣闊。

　　什麼是「孑遺生物」？

遠古時代就已存在，而現今仍殘存的生物。這類生物在過去族群曾經相當豐富，分布廣濶，在演化過程中，因重大滅絕事件導致族群大滅亡。除了存活年代久遠之外，族群數量少，分布區域也很狹隘。

↑ 最容易找到台灣杉的地方是惠蓀林場。

↑ 台灣杉的針葉。

↑ 台灣肖楠的樹形柔和美麗。

↑ 台灣肖楠鱗片狀的葉，十字對生，扁平，表面深綠色、有光澤。

↑ 香杉。

針五木最後兩位成員：台灣肖楠、香杉

　　台灣肖楠為常綠大喬木，樹形外觀是柔和的長圓錐狀，樹皮紅褐色。小枝扁平而且較稀疏，它的扁形的針葉和紅檜、台灣扁柏相似，但節間明顯較長，鱗狀葉十字對生。現在多植為景觀植物，比紅檜、台灣扁柏更能適應低海拔的環境。

　　針五木的介紹來到了尾聲，最後上場的是**香杉**。它的心材香氣濃郁，故稱香杉，因在巒大山發現，又名巒大杉。較特別的是它鐮刀狀線形的針葉為螺旋狀著生，排列成不整齊的兩列。因葉端沒有骨質化的鋒針，所以看似尖銳，觸摸起來卻是質地柔軟而無刺痛感。

台灣的黑森林：鐵杉與冷杉

一聽到「黑森林」，可別以為我要介紹起巧克力蛋糕喔！一般而言，「黑森林」指的是德國巴登-福騰堡（Baden-Wurttemberg）一帶的森林山脈。最高峰是海拔一千四百九十三公尺的菲爾德山（Feldberg）。因為森林內的松樹和杉木顏色較暗，視覺上顯得漆黑，所以稱為黑森林。台灣的高山中也見得到因為林木高聳而呈現的陰暗景象，特別是在鐵杉與冷杉林中。

鐵杉屬於松科、鐵杉屬，葉子呈扁平狀線形，螺旋排列枝條上，樹皮鐵灰色，大樹具有傘形外觀，以塔塔加鞍部的大鐵杉最具代表性。

台灣兩千多公尺的高山上還有不少鐵杉的天然林，約在雲霧帶之上，雪線之下，分布

↑ 鐵杉林。起霧時，陽光消隱，漆黑一片，這張是上午九點多拍的。

↑ 鐵杉的針葉與淡紫色的雌毬果。

↑ 塔塔加鞍部的大鐵杉。

↑ 冷杉植株。

↑ 冷杉的毬果直立，紫色。

上界與台灣冷杉交會，下界與檜木林交會，屬於容易觀察到的樹種。

而**冷杉**的海拔分布就更上一層樓了，生長高度僅次於玉山圓柏，在台灣，只存在海拔近三千公尺以上的高山，低海拔及平地完沒有它的蹤影，若想親自揭開它的神祕面紗，只能上高山了。

它也是松科家族，冷杉屬。針葉闊線形扁平狀，呈二列狀排列，長約一至一‧五公分。最具特色也最美麗的，是它深紫色、向上直立生長的雌毬果，鱗片上白色的樹脂晶體仿若殘雪，將毬果妝點得堅毅不搖，彷彿無畏寒冷。最容易觀賞到冷杉的地點是合歡山。

① 下列何者不屬於台灣針五木？

（A）紅檜。（B）扁柏。（C）台灣杉。（D）鐵杉。

② 下列何者不是裸子植物的針葉樹？

（A）香杉。（B）落羽杉。（C）仙人掌。（D）二葉松。

③ 關於台灣針五木的敘述，下列何者正確？

（A）是五種珍貴的木材，都已砍伐殆盡，目前已無存活的樹種。（B）是五種珍貴的木材，都屬於裸子植物。（C）這五種珍貴的木材，目前仍大量使用於建築及家具製造。（D）低海拔地區不可能種植，只能上高山去觀賞。

解答

① （D）鐵杉。

說明：台灣針五木的成員有誰呢？趕快回頭翻書，好好複習一下吧！

② （C）仙人掌。

說明：這一題很明顯，只有仙人掌不是裸子植物的針葉樹喔！

③ （B）是五種珍貴的木材，都屬於裸子植物。

說明：（A）並未砍伐殆盡，走進山林裡還是找得到針五木的蹤跡喔！（C）目前這五木並非運用在建築及家具製造上喔！（D）肖楠能適應低海拔地區。各位生物小高手，你闖關成功了嗎？

＊第 88 頁右下圖片的正確答案是：左為扁柏，右為紅檜。你辨識成功了嗎？

第2課

↑ 尖葉楓。也許你覺得它的葉形不像楓樹，但兩兩成對的翅果已經透露出身分了。

賞楓、賞花，還能賞果！
中高海拔雙子葉植物喬木類

↑ 從這一地火紅的落葉，我們開始學習認識台灣紅榨楓。

台灣的中高海拔充滿魅力，許多登山客、單車族，初次遠離塵囂，置身林木之中時，會發現身邊的植物既迷人又陌生，深受吸引。其中以雙子葉植物的喬木類最難辨識，主要是枝葉高高在上，難以親近……初學者可以從賞楓、賞花、賞果開始。

賞楓如何賞出門道？紅榨楓、尖葉楓、楓香

台灣本島共有六種原生特有種楓樹，分別是青楓、台灣紅榨楓、台灣掌葉楓、台灣三角楓、樟葉楓、尖葉楓。台灣的楓樹並未像加拿大一樣製成楓糖，也很少應用於建築，在台灣，它的最高價值便是生態觀光。怎麼樣才能賞出「門道」來呢？

台中稍來山、阿里山、大雪山森林遊樂區內有著不少台灣紅榨楓，是所有台灣原生種楓樹裡面「最紅」的，所以也最受歡迎。紅榨楓是落葉性喬木，葉片的裂痕較青楓淺，分布於中央山脈較高海拔地區，

↑ 遠觀一棵紅透了的台灣紅榨楓。接下來，它
會抖落一身紅葉，僅剩枯枝。

↑ 隔年春天，長出新芽了。

秋霜之後全株轉為豔紅，大約於十二月至次年一月為最佳觀賞時間。楓葉落盡的寒冬裡，它就剩　身枯枝，得等到隔年春天，上山賞櫻的人們才能順道觀賞它的新芽與花。春季裡，剛冒出的新芽雖然不若大片豔紅秋葉的壯觀，卻另有一種靜默的新生之美。

　　在台灣，高海拔山區是避暑勝地，如果你盛夏上山，紅榨楓又是另一番景色，一身翠綠中暗紅色葉柄會透露出它的身分。此時，樹上也會掛滿一串串兩兩成對的翅果。

楓香的名字裡有「楓」卻不是楓

　　有一種楓樹雖然名字裡有「楓」字，其實不是楓。那就是奧萬大、霞喀羅賞的「楓香」。

　　楓香是台灣原生樹種，落葉大喬木，植株可高達二十公尺。過去在植物學上

↑ 台灣紅榨楓也會開花喔！你注意過它嗎？

↓ 盛夏時節的台灣紅榨楓，葉柄紅色。

↑ 低海拔楓香大道的春日景觀。

屬於「金縷梅科」，現在因分子生物
分析技術發達，有部分學者將它分類
到楓香科楓香屬。它的葉子為互生
葉，多三裂，但也偶見二至七裂。花
朵開得不吸引人注意，為雌雄同株單
性花，果實是球狀聚合果，約荔枝大
小的刺球。成熟時小蒴果會開裂，釋
放出可孕的具翅種子，及不具翅的不
孕種子。全台平地及中、低海拔山區
都有分布，只是低海拔的楓香雖然在
秋天時還是會落葉，卻無法呈現大片
紅葉美景。春天時，欣賞它翠綠的新
葉，別是一番風情。

↑ 這是楓香的雌花序。

↓ 楓香抽出嫩葉，同時也開始開花了。

↑ 這棵楓香樹，樹葉多呈五裂，你注意到了嗎？　↑ 楓香到了冬天，滿樹的刺球狀果實，和楓樹的翅果完全不同。

上山賞花樂趣多！櫻花、大頭茶和其他美麗的花

　　山上最吸引人的賞花行程，應該就是造訪櫻花了。但櫻花品種很多，如果想一一仔細辨識可不容易喔！可以先從較易辨識的原生種入門，經嫁接的園藝品種辨識難度高，可以等熟練之後再進階小試身手。適合入門的原生種有**台灣山櫻花、霧社櫻**。如果有機會上阿里山賞櫻，可要把握機會，親眼見識真正的**吉野櫻**。

　　還有一種引人注意，也容易看到的喬木是**大頭茶**。大頭茶是茶科大頭茶屬，台灣原生種類的常綠中喬木，高可達十公尺。葉互生，常簇生枝端，葉片長橢圓

↑ 霧社櫻，花朵細小、花瓣白色，是台灣最小型的櫻花。

↑ 山櫻花，花朵為吊鐘狀、花柄長，桃紅色為主，少數為淺粉色或白色，開花之後能結果實。它的果實是可食用的，但不好吃。

↑ 吉野櫻，萼片及花梗上有毛。初開淡紅，全開漸白，但蕊心部分仍偏紅。

↑ 大頭茶的花與葉。常叢集於枝條先端，葉片長橢圓形，中肋清楚。

↑ 大頭茶花的背面，有大小不等的五枚萼片。

形，上半部具波狀疏鋸齒緣。大頭茶能耐風及耐旱，在東北季風盛行的迎風坡也能適應生長。花期頗長，從秋天到冬天，爬山時如果低頭見到大朵的白色花整朵摔落地面，那大約就是它了，如果抬頭看不到花的蹤影，就撿拾落花觀察。大頭茶的花無梗，五片白色花瓣，萼片有五枚，大小不等，有著淡淡的芳香，中間許多金黃色部分是它眾多的雄蕊。

　　還有另一種同為茶科的**木荷**，也是大型花系列的喬木，分布於台灣低海拔的溪谷旁或路邊，但木荷就不像大頭茶那般常見了。

　　馬醉木也是值得推薦觀賞的高山植物，為杜鵑花科馬醉木屬。海拔一千至三千公尺高的開闊地或林緣都容易見到它。台灣的北部山區低海拔稜線附近，即可發現它的蹤影，例如陽明山

↑ 木荷植株。生長於台北、桃園、台中、南投、嘉義，低至中海拔山區。

↓ 馬醉木的花，花冠先端五淺裂，花萼三角形。

區、二格山區,越往南,分布的海拔就越高。每到秋天,馬醉木會結出串串花苞,隔年春天二至三月前後,才會密集開出許多白色壺形的小花朵,每朵小花像是個加長形的小鈴鐺,非常可愛。

雖然花朵可愛,但全株有毒,馬若誤食,就會昏醉,「馬醉木」之名就是這樣來的,人也不要隨意採食。

↑ 馬醉木的花朵,由下往上才能看到花蕊,十枚雄蕊。

果實的美不容小覷

鮮豔的色彩果實最能引人注目,千萬別錯過了。其中,薔薇科的**玉山假沙梨**與**巒大花楸**應該是最受歡迎的。

玉山假沙梨又稱夏皮楠,為台灣原生常綠喬木,分布在中央山脈海拔一千五百至兩千五白公尺的森林中。盛花期約在五至六月中,開白色花,花多而小,有五枚圓形花瓣,內有雄蕊二十枚,雌蕊花柱五裂。果期在秋天,結實纍纍

↑ 玉山假沙梨開花,也會吸引昆蟲。

↑ 玉山假沙梨的豔紅果實。

↑ 巒大花楸開花。

↓ 巒大花楸開花後的初果。

的小紅果在綠葉配襯下，十分亮眼，是台灣中高海拔山區主要的賞葉、賞果植物。果實多汁、無毒，是可以淺嘗的野生食物喔！

巒大花楸同為薔薇科的賞果，也很容易辨識，它是台灣特有種的落葉性喬木。具羽狀複葉，小葉長橢圓形，有鋸齒緣，分布在中央山脈海拔高海拔一千八百至三千兩百公尺左右的地區。花期通常在五、六月間，具五枚白色花瓣。果實為球形梨果，九月至十二月間成熟，直徑約〇‧六至〇‧七公分，成熟時呈深橘紅色。秋天時葉片也會逐漸轉為黃、紅色，而後落葉。有機會請細細品味它的美！

① 下列何者不是台灣著名的賞紅葉植物？
　　（A）青楓。（B）台灣紅榨楓。（C）尖葉楓。（D）楓香。
② 中高海拔中，哪種植物的果實在秋天成熟，色澤鮮紅，極具觀賞價值？
　　（A）山櫻花。（B）吉野櫻。（C）台灣紅榨楓。（D）玉山假沙梨。
③ 青楓、台灣紅榨楓、尖葉楓、楓香，以上四種植物中，何者與其餘三種關係最遠？
　　（A）青楓。（B）台灣紅榨楓。（C）尖葉楓。（D）楓香。
④ 下列何種植物是只能觀賞、不能食用的有毒植物？
　　（A）馬醉木。（B）玉山假沙梨。（C）山櫻花果。（D）以上皆是。

解答

① （C）尖葉楓。
　　說明：本章節並未提到尖葉楓，很明顯它不是賞紅葉的植物。原因是因為，秋冬時尖葉楓變為黃色後落葉，不會變成紅葉。
② （D）玉山假沙梨。
　　說明：除了（D）玉山假沙梨之外，另外三種都不是賞果植物喔！
③ （D）楓香。
　　說明：雖然四種植物的名字裡都有「楓」字，但只有（D）楓香不是楓樹科成員喔！
④ （A）馬醉木。
　　說明：（B）玉山假沙梨、（C）山櫻花果皆可食用。生物小高手們，請仔細分辨喔！

↑ 玉山杜鵑，又名森氏杜鵑。

第 3 課

紅毛杜鵑長紅毛？忍冬很耐寒？
中高海拔雙子葉植物灌木類

↑ 玉山杜鵑，花梗長二至二・五公分；花萼小、呈三角形；花冠長三・五至四公分。

上山賞花可說蔚為風潮，除了櫻花，杜鵑也是大家喜愛的賞花目標。藉由欣賞花朵，我們可以開始留意一株植物的獨特性，進而感受到台灣豐富多樣的生態資源是多麼珍貴。繼續在中高海拔地區一起尋寶吧！

中高海拔最常見的一種杜鵑：玉山杜鵑

第一個先介紹高海拔常見的玉山杜鵑，又名森氏杜鵑。在過去，這兩者曾經是兩種不同杜鵑的名字。雖然容易在辨識上混淆，但玉山杜鵑是中高海拔山地最常見的一種杜鵑花，也是台灣原生種杜鵑中生長海拔最高的一種，可說是重要角色，一定要認識一下喔！台灣全島海拔一千八百至三千公尺都有其族群分布。只要春天造訪大雪山、八仙山、阿里山、太平山、合歡山等較易到達的山區，都有機會邂逅它的美麗花朵。

玉山杜鵑是杜鵑花科，葉片單葉，長約九至十一公分，邊緣略向後反捲，葉柄長約一・五至兩公分。三至五月為主要花期，開起花來，又大又多，一次會有好幾朵叢生在小枝條先端。花朵有著不算短的花梗，其上有三角形的小花萼。花冠顏色介於淡桃紅到粉白之間，具豐富柔和的層次，花冠內上方常散生有粉紅色的斑點，在寒冷的高山綻放著既優雅又堅毅的氣質。

↑ 玉山杜鵑為台灣原生種杜鵑中生長海拔最高的一種。

紅毛杜鵑真的長紅毛？高山白珠樹竟是小個子？

在合歡山區，除了賞玉山杜鵑，也許還可以順便欣賞**紅毛杜鵑**。紅毛杜鵑也是杜鵑花科，分布於兩千至三千五百公尺的高山，花期約在三至六月，越往高海拔花期越晚。花色以紫紅或深粉紅為主，花朵比玉山杜鵑要小得多，兩者並不

↑ 合歡山的初夏，常常這樣被紅毛杜鵑鋪蓋著繽紛的粉紅色。

↑ 紅毛杜鵑，花朵外觀並不如其名長著「紅毛」，其細小的紅毛是長在葉背上，葉片稍厚，邊緣些微反捲。

↑ 紅毛杜鵑花冠內側上方帶有粉紅斑點。

難於區分。

　　杜鵑花科成員從高大的喬木到低矮灌木都有，其中個子最小的是高山白珠樹，身高很少超過五十公分，有趣的是，它的名字裡卻有「樹」字，真的很容易讓人誤會呢！

　　高山白珠樹是半落葉性小灌木，葉子為互生，葉片細小，花季在春季到夏季，白色略帶紅色或粉紅的花冠像個開口小巧的鈴鐺，它的花朵美麗，令人見到它會不禁彎下腰來仔細觀賞。即使花期已過，它仍有吸引人之處，花朵凋謝之後，花萼漸漸長大，進而將發育中的果實包起來。果實就因為這一白色肉質花

↑ 高山白珠樹的花冠白色，莖為紅色，葉片互生，葉緣有鋸齒。

↑ 高山白珠樹的花萼五裂，略帶紅暈。

↑ 高山白珠樹一粒粒像白色珍珠般的果實。

↑ 高山白珠樹的果實與逐漸增大中的花萼。　　↑ 常食用的藍莓也屬於杜鵑花科。攝於瑞士。

萼，看起來像是顆白色珍珠，很有觀賞樂趣。

　　杜鵑花科成員並非全部都有毒，屬於該科成員的藍莓就是一種常食用的果實。高山白珠樹的果實也可以食用喔！汁多略甜，有些人覺得帶有一點「撒隆巴斯」味道，有機會「野外求生」時，不妨一試。不過，若非求生需要，否則建議淺嘗即可，金翼白眉等許多鳥類都很喜歡食用，還是將果子留給其他野生動物吧！

嬌羞低頭的玉山小檗

　　接下來介紹一個比較少提到的科：小檗科。

　　小檗科的成員中，高山常見的是**玉山小檗**，它是台灣特有種，落葉性灌木，多分布在海拔三千公尺以上高山。它是小型灌木，莖多分歧，莖上有棘刺，長約一至二公分。最讓人印象深刻的，除了它長長的刺之外，就是它夏季盛開的鮮黃色花朵，多為三至五朵叢生在短枝頂端。花梗很長，約二至三公分，由於它又細又長的花梗，使得花朵都低下了頭。花朵有兩

↑ 玉山小檗的花，有著長花柄。

↑ 玉山小蘗植株，小枝多且長，有三出的銳刺。

↑ 想好好觀察它的花朵，還是要彎下腰來才能仔細看到喔！花朵外圍較長的部分是花萼，其內較短者才是花瓣。

輪萼片，內有長橢圓形花瓣，長度不到半公分，整朵鮮黃色花朵中，以萼片較為發達。

有特殊「兩型花」的成員們

中低海拔闊葉林下常見的**華八仙**，有特殊的「兩型花」。看似一朵四個圓形花瓣的白花朵，其實是它的萼片，稱為「不孕花」，主要用以吸引昆蟲前來傳播花粉。真正的兩性花既小又多，具有五枚花瓣、一枚雌蕊、十枚雄蕊。若非開花時段，就欣賞它兩端銳尖的葉，深紫色的葉柄是它另一個很容易辨識的特徵。

同為虎耳草科（有些分類將之歸為八仙花科）八仙花屬的中高海拔成員以高山藤繡球和大枝掛繡球最值得介紹。

高山藤繡球為直立性矮灌木，約一至一・五公尺高，葉對生，花也是

↑ 中低海拔常見的華八仙，會開出兩種形狀的花。花期約在十二月至隔年五月。

↓ 華八仙的兩性花。

↑ 高山藤繡球也會開
出兩型花。

↑ 高山藤繡球的可孕花為兩性花，花瓣四
至五枚；雄蕊八至十枚，紫色花絲細長柔
美。

↑ 高山藤繡球萼片瓣化成
不孕花，瓣緣為鋸齒緣。

特殊的兩型花。花多而密集，外圍環繞著萼
片瓣化的白色不孕花，瓣狀萼片的瓣緣為鋸
齒緣。可孕花為紫色，花小而多，兩型花搭
配起來十分好看。

大枝掛繡球這個「俗又有力」之名源於
它在花序未開展之前，只看得見一個個圓球
狀的大總苞掛在枝頭。它是攀緣性灌木，常
依附大樹而生，也有兩型花。

虎耳草科成員中，還有一個台灣特有種

↑ 大枝掛繡球的總苞與花序。樹上綠褐
色球體狀就是即將開花的總苞。

↑ 大枝掛繡球的花序生於枝頂，不孕花少數，
可孕性花多而密集。

↑ 台灣茶藨子還未成熟的果實呈綠色，枝條的節
上著生三出銳刺。

的落葉性小灌木**台灣茶藨子**。又叫台灣醋栗。醋栗屬的果實在歐美超市常見，如紅醋栗、黑醋栗、鵝莓。生於高海拔地區的台灣茶藨子果實也是玲瓏剔透，由綠轉紅時是頗有滋味的可食性植物，但分布數量不多，我們還是把這些珍貴的果實留給大自然分食好了！

光聽名字感覺就很「耐寒」的忍冬科家族

　　阿里山忍冬為忍冬科忍冬屬植物，這個名字聽來就是很耐寒的，再加上阿里山的山名加持，你絕對不會懷疑它是典型的高山植物。

　　當然了，中低海拔也有忍冬科成員，以有骨消和金銀花最為大家熟知。

　　阿里山忍冬又名高山忍冬、高山金銀花，分布於海拔一千八百至三千兩百公尺左右。半落葉或落葉木質藤本，莖有纏繞性，莖上有許多分枝，小枝條上常具有粗毛。葉對生，葉脈披毛；花苞淡黃色

↑ 阿里山忍冬為木質藤本。小枝條有粗毛，葉對生，花苞色彩柔美。

↓ 阿里山忍冬的花，仔細觀察它的花冠、花蕊，別具獨特美感。

帶著淡紫色條紋或斑點，花冠長筒形，初開時花朵大致為帶著紫暈的乳白色，再漸漸轉為金黃色。

　　花冠分成上下不對稱的兩裂片，稱為兩唇裂。上唇直立，有二至四淺裂，下唇反捲；雄蕊五枚，挺出花冠外，雌蕊一枚，花柱細長，柱頭頭狀或不明顯三裂。專注觀察其構造，會忍不住驚嘆大自然的鬼斧神工！

① 關於一朵花的敘述，下列何者正確？
　（A）所有的花朵花瓣都是分離狀，所以花朵凋謝時就是一瓣瓣飄落。
　（B）花萼與花瓣皆大小相等，形狀相同。（C）花朵不一定都有雄蕊與雌
　蕊。（D）花謝之後一定會結果。
② 關於高山白珠樹的敘述，下列何者錯誤？
　（A）屬於杜鵑花科植物，所以有毒。（B）高山白珠樹是半落葉性的小灌
　木。（C）雖然名中有樹，卻極為矮小。（D）果實有白色肉質花萼包裹，
　如白色珍珠。
③ 下列何者與其他成員親緣關係最遠？
　（A）玉山杜鵑。（B）紅毛杜鵑。（C）高山白珠樹。（D）阿里山忍冬。
④ 關於八仙花屬植物的敘述，下列何者正確？
　（A）只生長於中高海拔，低海拔無法見到。（B）常具特殊的兩型花。
　（C）只有直立性灌木種類。（D）花序外圍大朵白色的花是兩性花。

解答

① （C）花朵不一定都有雄蕊與雌蕊。
　解說：有關一朵花，只有（C）的敘述是正確的，其他三個選項都不對喔！
　請小高手們複習一下生物課，想一想有哪些例子吧！
② （A）屬於杜鵑花科植物，所以有毒。
　說明：高山白珠樹沒有毒，其果實可以食用喔！
③ （D）阿里山忍冬。
　說明：只有（D）阿里山忍冬為忍冬科，和另外三個杜鵑科的成員不同。
④ （B）常具特殊的兩型花。
　說明：（A）八仙花屬植物低海拔也看得到喔！例如本文提過的華八仙。
　（C）八仙花屬植物並非全是直立性灌木，例如大枝掛繡球就是攀緣性灌
　木。（D）花序外圍大朵白色的其實是萼片喔！生物小達人們，這一關你
　們是否挑戰成功了呢？

↑ 阿里山龍膽，花藍紫色，葉片小。

第4課

龍膽、鳳仙花、石竹，上山賞草去！
中高海拔常見草本植物

其實腳邊低矮的開花植物由於距離人目光高度較近，往往比高大的喬木更引人注目，山中花草外貌多異於低海拔常見花卉，正是這些奇花異草讓人忘記爬山的疲累。一起來欣賞它們、觀察它們、更進一步深入它們的世界吧！

> 「特有種」是什麼？
>
> 分布僅限於某一特定地區的物種即特有種。例如：台灣特有種，即指全世界只分布於台灣的物種。

雖然網路上可以搜尋得到不少相關資料，但較少有以「科」別概念來深入介紹。「科」別的概念建立需要一些時間的累積，只要有興趣，一個小小的疑問就會帶領你進入下一個問題，在追查答案的過程中，經驗與樂趣自然衍生。

如果初學者覺得太難，可以先從「科」開始認識，再依序往下，細究「屬」、「種」，慢慢在認識植物的樂趣裡磨出功力。

味道苦苦的龍膽家族

繼續在中高海拔認識植物，接下來挑戰草本植

物類，首先介紹**龍膽科龍膽屬**家族成員。較常見的有**阿里山龍膽、黑斑龍膽、玉山龍膽、黃斑龍膽**和**台灣龍膽**。台灣的特有種植物以蘭科的數量最多，但以龍膽科所包含的特有種比例最高。

龍膽科植物全為草本，含有特別的「苦味素」（苦龍膽素），故名字中的「膽」指的就是植株味苦。花冠四至五出呈輻射狀對稱、葉子對生、單葉和全緣是該科主要的特徵。龍膽

↑ 阿里山龍膽。開花時為了避免自花授粉，雄蕊先成熟，雄蕊凋謝後再露雌蕊，雌蕊柱頭兩叉、白色。

屬花葉的懸殊比例有著典型高山植物的特徵，例如，阿里山龍膽葉片長約〇·五公分，但花冠徑長可達兩公分。顏色是黃白色系和藍紫色系，並具有不同的斑點和條紋。

阿里山龍膽分布於台灣海拔兩千三百至三千五百公尺山區，喜歡陽光，多見於中、南部高山，以合歡山最容易見到它的蹤影。有趣的是，雖然種小名為「阿里山」，但多數人應該和我一樣並未於阿里山地區見過它。

長得很像的黑斑龍膽、玉山龍膽、黃斑龍膽

接下來，**黑斑龍膽、玉山龍膽、黃斑龍膽**，三者都是黃白色系花冠，大致可以先以花朵顏色及大小區分。黑斑龍膽與玉山龍膽花徑較黃斑龍膽大；花冠顏色以黑斑龍膽的金黃色最鮮豔，玉山龍膽為米黃至淡黃色；黃斑龍膽的黃色極淡，接近白色。若要進一步謹慎確認，當然還要再細細比較植株大小、花萼裂片形狀、花藥顏色等特徵。

它們三個實在很像！黑斑龍膽、玉山龍膽、黃斑龍膽比一比

	黑斑龍膽	玉山龍膽	黃斑龍膽
花朵大小	較大	較大	較小
花朵顏色	金黃色	淡黃色	接近白色
花朵數	多	較少	最少
花萼裂片形狀	卵形	卵形	狹尖三角形

↑ 黑斑龍膽，開起花來植株多、花朵較大又鮮豔，斑點明顯。

↑ 黃斑龍膽。攝於塔山。

↑ 玉山龍膽，莖淡紫色，花喉內帶有細斑點，花冠淡黃。

夢幻浪漫的台灣龍膽

　　最後一位龍膽成員是**台灣龍膽**，不一定要上高山，只要在海拔一千至三千公尺的向陽山坡都有機會遇見它喔！台灣龍膽是龍膽類中葉子最大的一種，葉片線狀披針形。花朵藍色到淡藍色，大自然中藍色花較少見，所以更顯得夢幻浪漫，為了它，你會忍不住停下腳步，成為大自然中的「低頭族」喔！

↑ 台灣龍膽開著藍色小花。不似前幾種大展容顏，常含蓄地半開半閉。

↑ 如果看到類似龍膽花造型，但莖為攀緣性的蔓性草本植株，那大約就是同為龍膽科肺形草屬成員。

你一定聽過大名的鳳仙花科

你一定聽過鳳仙花科的大名吧！鳳仙花又稱「指甲花」，在台灣只有鳳仙花屬這一屬，共六個種，算是家族成員「比較簡單」，容易辨認的。低海拔地區常見的非洲鳳仙花是大家最為熟悉的園藝植物。

中高海拔有三種台灣原生，且均為台灣特有種的鳳仙花，為**棣慕華鳳仙花、黃花鳳仙花**，及**紫花鳳仙花**，前兩者已瀕臨滅絕危機。棣慕華鳳仙花分布僅剩新竹觀霧地區，黃花鳳仙花情況稍好，觀霧、思源啞口、巴福越嶺古道、鎮西堡神木區等地都還能找到它的蹤影。紫花鳳仙花的邂逅機會最大。

這三種原生鳳仙花的花朵形態非常特別，迴異於大家印象中的雙子葉，多有著四或五片花瓣，而是由三枚花瓣與三枚萼片組成花最明顯的部分。兩側的萼片卵圓形、對稱，中間的萼片瓣化形成錐體狀囊袋，囊袋末端漸尖，為具蜜腺的「花距」。「距」

↑ 棣慕華鳳仙花，花距微彎不勾，三種原生鳳仙花中個體最小者。民國六十二年由黃增泉教授命名，用以紀念長年留在台灣的美籍植物學者棣慕華博士。

↑ 黃花鳳仙花，花距彎勾狀，末端有小小的分叉。

↑ 紫花鳳仙花，花距彎勾狀。花期長，花色變化最多。

的存在目的是為了吸引昆蟲傳粉，當昆蟲鑽進花朵吸取裡面的蜜時，花粉容易附著在昆蟲身上。花粉散播之後，雄蕊花藥脫落，同一處露出其內的雌蕊柱頭，等待授粉。也就是說，同為兩性花，但表現方式不盡相同，仔細觀察一朵花，會有你意想不到的驚喜，我常因此而對造物者佩服不已。

花色鮮黃可愛的金絲桃

金絲桃屬早期分類上為金絲桃科，現今多歸為藤黃科、金絲桃屬。

台灣的金絲桃屬植物，包括原生種及引進種約有十四種。**玉山金絲桃**為台灣特有種，大多生長在高海拔地區。葉為單葉、對生，幾無葉柄，葉片長一至二‧五公分。花色鮮黃，金黃色的五片花瓣和眾多細長的雄蕊花絲給人深刻的印象。還有另一特徵是分布在花萼上的「小腺點」，以及葉片邊緣一列黑色的「腺點」，這些腺點都會分泌具特殊氣味的油脂。

↑ 以花葉比例而言，玉山金絲桃的花也是很「大」的，花徑約二至三公分。

↑ 高山強光下，玉山金絲桃花瓣常向後翻。

↑ 玉山金絲桃，葉片邊緣一列黑色的腺點。

和老虎有一點點「關係」的虎杖

相較於不容易遇見的玉山金絲桃，**虎杖**應該不會讓你尋覓不到蹤影。一般植物的俗名有時很傳神，有時很難理解。虎杖的英文是 **Tiger Stick**，因莖上有節，像手杖，莖上的紋路被想像成老虎身上的斑紋，才會有了這樣的俗名。

它是蓼科蓼屬的成員，莖圓柱形，雖然高可達兩公尺，但莖中空又多分枝，所以被視為多年生草本。

虎杖為雌雄異株，很多花朵密集於花序，開起花來是以數量而非色彩取勝；花期在五至七月，花朵很小，白色或粉紅色，花被五片，在雄花中有雄蕊八枚，雌花在開花後能結果實。果實為瘦果，成熟時為黑色或黑褐色，外披有紅色或粉紅色增大的花被。

虎杖喜歡陽光，多生長於裸露地、

↑ 虎杖開花，在雄花中有雄蕊八枚。

↑ 雌花凋謝後可以結果實。

↑ 台灣秋天的雌株虎杖結實纍纍，別有一番美景。

崩壞地或公路兩旁向陽處。目前被國際自然保護聯盟物種存續委員會的入侵物種專家小組（ISSG）列入世界百大外來入侵種，在台灣則是原生種植物。

路過千萬不要錯過！美麗的沙參、玉山石竹

桔梗科沙參屬植物在世界上約有五十種，全分布在歐亞大陸，以東亞地區的多樣性最高。沙參屬的莖直立，葉互生或輪生，花為放射對稱的兩性花，花冠紫色或藍色，鐘形、下垂。台灣有**輪葉沙參**、**台灣沙參**兩種，後者特產於台灣，可再區分為**高山沙參**與**玉山沙參**兩個亞種。這兩個亞種皆生長於高海拔山區，花的樣式與植株生長地等特徵都稍有差異。

↑ 高山沙參的花為單生或雙花頂生。

↑ 玉山石竹植株低矮，莖直立細長，花瓣先端呈撕裂狀。

↑ 玉山沙參開花，不是單朵，而是一個花序。

↑ 輪葉沙參，花較小朵，藍色或淡藍色。

石竹科的康乃馨是母親節的代表性花卉，但同為石竹科成員，台灣特有的**玉山石竹**知名度就不那麼高了。玉山石竹的美並不遜於康乃馨，但願你上山時也能留戀它簡單的美麗。

山區常見的菊科植物：玉山薄雪草、尼泊爾籟簫

中高海拔的菊科可是不少呢！例如：玉山飛蓬、一枝黃花、黃菀⋯⋯等。礙於篇幅，僅選兩種較為特殊的**玉山薄雪草、尼泊爾籟簫**來介紹。

玉山薄雪草多分布在高海拔三千公尺以上岩壁。菊科植物的特徵是，開花時視覺上看起來的一朵花其實是一個花序，而玉山薄雪草開花時，我們以為看到的一朵花，其實是一叢頭狀花序的集合體。花叢下由許多的葉狀苞片托襯著，苞片上許多白色的絨毛，就像是薄薄一層的雪花，故名薄雪草。花中央黃綠色的部分，才是一個個頭狀花序喔！

尼泊爾籟簫分布於台灣海拔三千兩百公尺以上山區。植株矮小，全身被覆著細密的絨毛，以適應高山寒冷的氣候。它的頭狀花也很特別，花序外圍有白色花瓣似的總苞片，共七層，常被錯認為舌狀花，但真正的花朵們位於苞片中間。舌狀花生長於邊緣、多數，管狀花為兩性花。

↑ 玉山薄雪草，台灣特有種。

↑ 玉山薄雪草看似一朵花，其實是一叢頭狀花序的集合體，花序中心為管狀花。

↑ 尼泊爾籟簫的頭狀花長於枝條先端，為籟簫屬中花序較大、花姿最引人讚嘆的。

117

下課前五分鐘

① 關於台灣的龍膽科龍膽屬家族成員，下列敘述何者正確？

（A）花色多為紅色與白色。（B）花具有分離的五個花瓣。（C）植株有酸甜味，為可食用植物。（D）龍膽科所包含的特有種比例最高。

② 下列何者不屬於台灣原生種鳳仙花？

（A）鳳仙花。（B）棣慕華鳳仙花。（C）黃花鳳仙花。（D）紫花鳳仙花。

③ 台灣高山植物中，目前被國際自然保護聯盟物種存續委員會的入侵物種專家小組（ISSG）列入世界百大外來入侵種為何者？

（A）玉山金絲桃。（B）高山沙參。（C）虎杖。（D）紫花鳳仙花。

④ 關於玉山薄雪草的敘述，下列何者不正確？

（A）為菊科植物。（B）我們所見像一朵花樣式的其實是一個花序。（C）多分布在台灣高海拔三千公尺以上岩壁。（D）植株上像一朵花的樣式，中央黃綠色的部分，才是一個個的頭狀花序。

解答

① （D）龍膽科所包含的特有種比例最高。

說明：（A）花朵並非多為紅色白色。（B）請仔細翻閱龍膽科龍膽屬相關的照片，花朵並非分離的五個花瓣喔！（C）植株沒有酸甜味，而是具有苦味。

② （A）鳳仙花。

說明：這一題算是送分題！另外三種全都是文章中提到的台灣原生種鳳仙花，小高手們應該很輕鬆就挑戰成功了吧？補充說明，鳳仙花是台灣於一六六一年由華南引入的。

③ （C）虎杖。

說明：答案就在文章裡！另外補充：雖然對很多國家而言它是入侵外來種，在台灣可是原生種植物。

④ （B）我們所見像一朵花樣式的其實是一個花序。

說明：玉山薄雪草開花時，我們視覺上看見像一朵花的其實是一叢，也就是很多個頭狀花序的集合體，花中央黃綠色的部分，才是一個個頭狀花序喔！

第 4 關

天黑以後好戲上場
——夜間生物觀察

闖關前的學習寶典 IV

學習引導╳學習關鍵字╳生物祕笈大公開

學習引導
生物課上冊第五章；生物課下冊第一、四、五、六章

學習關鍵字
化石燃料、夜行性動物、螢火蟲的發光行為、食物鏈、動物的行為

生物祕笈大公開

白晝被「延長」的背後

你是夜貓子嗎？應該有不少人會答「是」。但問到喜愛黑夜嗎？夜貓子們可能就遲疑了。

我想，在大自然裡，怕黑的人比喜歡黑夜的要多。

因為大部分人都居住在有燈光的地方，古時「日出而作，日落而息」的生活模式，因為近代**化石燃料**的利用開始有了轉變，白晝彷彿被延長了。不過，事實上，許多遠離都會生活的地區，日落之後都會轉為一片漆黑。

化石燃料指的是「煤炭」、「石油」和「天然氣」等，目前這些燃料提供了我們生活上約百分之九十的能量來源。化石燃料的形成是由許多古代生物死亡後的遺骸被泥沙掩埋並沉積，在長時間受到細菌分解、岩層的高溫和高壓作用，以及許多複雜的化學變化之後，逐漸形成了現今的化石燃料。固態的煤主要由遠古時代的植物轉變而成。三億多年前石炭紀時期的地球溫暖而潮溼，低窪地區形成大片的沼澤森林，如高大的蕨類森林，死掉的樹木倒下後沉入泥淖中，一層一層持續累積，在其後的地質年代中漸埋漸深，並與空氣隔絕，最後受到壓力與溫度影響，而形成今日的煤炭。

石油的形成原因較煤炭複雜，許多科學家認為是遠古時代的浮游生物、藻類與動物遺骸，在地層的壓力和溫度因素之下，經過漫長時間而逐漸形成的。

我想提醒大家的是，人類利用科技產生電能延長了白晝，其實是在消耗地球累世的自然資源，因此使用時必須珍惜運用。除此之外，我們很少想到，對於演化上需要「黑夜」的生物而言，人類所創造出來的光明是何等的傷害。

哪些生物需要「黑夜」呢？想進一步認識的話，最好的方式就是走進夜色裡，親眼看看夜行性動物是如何在漆黑中歡愉地享受生命。

黑漆漆的有什麼好？夜間觀察是另一個學習寶庫

培養對夜間觀察的興趣，一步步習慣，不僅可以克服對黑暗的恐懼，還可能因此愛上夜間觀察喔！一旦愛上，你就會發覺夜間觀察可說是另一個無窮無盡的學習寶庫！

我將「夜間觀察」定義為「對於大自然生物的夜間觀察」。不同於一般的「夜遊」，夜遊僅表示在夜間遊走活動，以遊玩目的為主，而非自然觀察。夜間觀察可簡稱「夜觀」，初學者可以考慮先參加賞螢、賞蟲、賞蛙等特定導覽團，有達人帶路較容易入門，有家長或老師的引領，孩子也能較有安全感，能慢慢接受自然中的漆黑，放心去感受夜晚的自然環境。

夜間觀察該注意什麼？

經過幾次夜觀體驗之後，就可以嘗試自己組成親子小團體，自行探險。因為是晚上，不宜太多人活動，一至兩家人就可以出發了。該注意哪些事項呢？

1.「安全」是所有活動的首要條件。建議大家從黃昏起步，先在社區、校園，或自己熟悉的戶外地區開始。我們長期生活在有燈光照明的環境裡，所以到了晚上，戶外對我們來說處處顯得陌生，正是因為不習慣黑暗的緣故。

2.全身著長袖、長褲，以長筒登山鞋或雨鞋比較好。夜觀裝備也需要特別留意，因為容易不小心踩到動物，尤其是蛇類，因此最好別穿短袖或涼鞋。

3.照明設備不可缺少。雖然不需要全程亮燈，但手電筒或頭燈一定要帶在身邊。

走在漆黑的大自然裡，我們常要花很多時間尋找動物，不見得是「動物很

↑ 春、夏晚上到茭白筍田裡循著蛙鳴聲找蛙。

↑ 我和學生們在貓空的夜觀。大家都可以從自己住家或學校附近展開第一次夜觀活動。

少」，這是因為黑夜中我們看不見牠們，加上你不熟悉野外，也不熟悉黑暗，因此更難想像夜行性動物的數量及活動情形，當你小心翼翼舉步摸索之際，這些動物們或許都在看著我們。當然了，也有不少動物就像古早的人類「日出而作日落而息」，太陽下山後就安安靜靜睡覺了。所以，我們也要盡可能的輕聲細語，觀察時以不要太過打擾動物為原則。

　　除了動物之外，夜間觀察也可以觀賞植物喔！尤其是夜間開花的植物。

　　我在書中不以特定地方來建議行程，而是希望大家從自己熟悉的家鄉附近起步，除了學習正確的生物觀察技巧與態度、享受全新的體驗之外，也是深入認識在地生態特色的方式。夜間觀察是一種「家長省力、家庭節能」的活動，到了戶外，孩子們會專心尋找驚奇，爸媽不用擔心孩子沉迷 3C，又不必使用家中的冷氣、電視、電腦、電燈……等，所以可說是很節能減碳的活動喔！

↑ 螢火蟲盛況。賞螢,等的就是這一刻。

一閃一閃亮晶晶,滿地都是螢火蟲

螢火蟲神祕又有趣,牠是許多大人童年回憶的亮點,也是許多孩子急著追捕的暗夜流光。身為自然愛好者,我期望無論跨越多少世代,「賞螢」都能是親子間最美麗的共同回憶。

螢火蟲身體構造

小楯片

隆脈

頭部
觸角
前足
眼
前胸背板
中足
翅鞘(前翅)
後足
後翅
發光器

背面

頭部
前胸腹板
中胸腹板

腹部
(可見腹節)

腹面

螢火蟲,台語名為「火金姑」,英文為 firefly,生物分類學上屬於昆蟲綱、鞘翅目、螢科。世界上已有紀錄的螢火蟲大約有兩千種,主要分布地區為溫帶至熱帶。根據資料顯示,台灣約有五十多種,但陸續有新發現。螢火蟲外觀形態上最主要的特徵是:前胸背板大,頭部會隱藏其下;其次是鞘翅尾端的形狀為圓弧狀。

↑ 黃緣螢成蟲的翅中央有一條黃線。在無農藥汙染的水稻田、茭白筍田中有機會見到牠們的幼蟲。

↑ 黑翅螢幼蟲。

螢火蟲的生命史

螢火蟲的生命史可以分成**卵、幼蟲、蛹、成蟲**四個階段，是屬於「完全變態」的昆蟲。大部分人賞螢主要是看成蟲階段，特別是繁殖時期，在沒有光害的夜晚，螢火蟲成群閃爍，著實迷人。其實許多螢火蟲幾乎是四個階段都能發光的，只是大多數人沒有仔細而完整地觀察牠神祕而特別的一生。

螢火蟲的生命週期以幼蟲期最長，幼蟲成長時間長短因種類而異，約半年至一年。幼蟲期有脫皮現象，通常六到七次。

↑ 雲南扁螢幼蟲與牠的晚餐。幼蟲尋獲獵物後，會用大顎將麻醉物質注入獵物體內，接著注入消化液，使獵物的組織成為肉糜狀後再吸入，故進食時間頗長。

以其幼蟲的棲地分類，可分為**水棲型螢火蟲**和**地棲型螢火蟲**。

水棲型種類少，約二至三種，主要以水中的中小型螺及貝類為食。在台灣以**黃緣螢**最為常見，但因生存棲地日漸遭受破壞，族群數量少了許多，分布上以北台灣較多，成蟲於三至十月間出現。另一種**紅翅螢**的幼蟲棲息於潮溼的陸地或岩壁上，但會到水池中覓食，是半水生型。

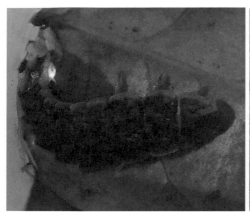

↑ 雲南扁螢幼蟲發著綠色螢光。

↑ 雲南扁螢幼蟲算是凶猛的，會咬同類，也會咬人喔。

↑ 山窗螢幼蟲。陸棲型，生長於森林底層，喜愛在樹枝草叢間活動，主要以蝸牛為食。

　　大部分螢火蟲屬於地棲型螢火蟲，以**黑翅螢**最為常見，**山窗螢**數量也不少。幼蟲期獵食時，會先使用大顎攻擊獵物，同時將麻痺性液體注入獵物，使其癱瘓，並分泌、注入消化液將獵物組織分解後再吸入。牠們最常吃蝸牛、蛞蝓，蚯蚓、蜘蛛等也在牠們的菜單之中。剛好，蝸牛與蛞蝓在人類的菜園中也是不受歡迎的菜蟲，這樣的食性關係其實是在告訴我們「應該少用農藥」，這樣一來，可以讓螢火蟲等小昆蟲和其他動物都免於中毒，肉食性的昆蟲會適當的捕食草食性小動物，人類也可以成為食用無毒蔬果的受益者。

↑ 黑翅螢成蟲頭部黑色，複眼很大，觸角黑色　↑ 雲南扁螢成蟲，雌蟲。外觀上仍像是隻幼蟲。
十一節，前胸背板及小盾片皆為橙黃色。

更進一步認識螢火蟲

　　賞螢之外，如果想更進一步觀察螢火蟲生活史的其他階段，可以就近找一個沒有光害、無汙染的步道，天黑之後，約六點半到八點之間，在潮溼環境的落葉堆或草地上，靜靜地耐心等待，等「亮點」出現以後，再輔以小手電筒觀察。

　　到了成蟲期階段，開始不吃葷了，這時期以露水或少許花蜜就可以存活，此階段的任務為繁殖，必須求偶、交配、產卵，成蟲期平均約一至兩週時間，完成階段性任務後，也即將終結牠絢爛的一生。

　　常見的螢火蟲成蟲以**黑翅螢**能見度最高，分布最廣，台灣西部從基隆到高雄，東部從花蓮到台東的中低海拔山區，三至五月都有機會看見。在沒有光害的棲地中，天黑之後，黑翅螢就會發出黃綠色的光，尋找配偶，族群多時十分壯觀，這就是民眾賞螢最常見的一景。

　　台灣有四十多種螢火蟲鞘翅都是黑色的，所以「黑翅」不能當作辨識黑翅螢的唯一特徵。牠的頭部黑色，複眼很大，觸角黑色十一節，前胸背板及小盾片皆為橙黃色。腳為黃褐色，脛節以下黑色。雌雄外觀相似，發光器節數不同，雄蟲兩節，雌蟲只有一節。

　　提到螢火蟲成蟲的雌雄外觀區別，除了發光器數目不同之外，體型大小也有差異，大都是雌蟲大，雄蟲小。但成蟲外部形態上不全都是雌雄同型的，有些種類的雌蟲雖然已進入成蟲階段，但在外觀上仍像是隻幼蟲或蠕蟲，如雲南扁螢。有些則是具有幼蟲般的外觀，但具有一對由翅鞘退化而成的小翅芽，如山窗螢、台灣窗螢……等。

↑ 黃緣螢成蟲雌蟲，只有一節發光器。　　　↑ 黃緣螢交配中。

　　怎麼樣？聽起來好像有點複雜，是吧？別擔心，有一點可以肯定的是，我們賞螢時，漫天舞動的流光，百分之九十以上都是雄蟲。因為，雌蟲大部分都棲息在草堆落葉間，不善飛行。還有一些種類的雌蟲身體龐大，翅鞘退化，讓牠們有翅也難飛啊。

↑ 台灣窗螢雄蟲發光中。

螢火蟲發光解密

　　螢火蟲最浪漫的特徵就是牠會發光！不過，接下來我們要「破壞」這份浪漫，深入剖析「發光」的複雜原理。但簡單說來，發光是「螢光素」與「螢光酵素」的一連串複雜生化反應，而迷人的「光」即是反應過程中釋放的能量。更進一步說明，反應過程中所產生的能量只用以發光而不產生熱能，因此，螢火蟲的光屬於冷光，不像燈泡的光，會燙傷人。

　　螢火蟲發光最主要的目的為**求偶**、**溝通**與**警示**。螢火蟲的種類不同，發光的頻率、顏色、時間也不同，只有同種的螢火蟲才能互相辨識對方所發出的閃光訊息。「警示」功能的目的是什麼呢？美國已有生物學家發現，誤食螢火蟲成蟲的蜥蜴會死亡，證實成蟲的發光還有警告其他生物的作用。不過，有毒的並非是螢光素或螢光酵素，蜥蜴致死原因是螢火蟲會產生一種自我防禦的毒素。

↑ 鹿野氏黑脈螢，牠的翅縫近前胸背板處的基部黑色較尾端寬。分布於低海拔山區。

保育類的螢火蟲

　　台灣螢火蟲的種類與數量雖然不少，但仍有需要保育的珍稀種類，**鹿野氏黑脈螢**就是其中之一。牠是台灣特有種，又稱鹿野氏紅翅螢，族群零星分布於台灣中北部海拔約三百至兩千公尺的乾淨山澗環境，如東眼山、烏來。

　　牠是螢火蟲家族中少數的日行性成員之一，成蟲於三至四月間出現，雄蟲會發出微弱的光，但無明顯的發光器，雌蟲則不發光。成蟲的頭部及前胸背板為黑色，觸角鋸齒狀，翅鞘桃紅色，上具暗色細窄的脈紋，兩翅交合處的黑色縱向脈明顯易見。有機會邂逅牠的話請仔細觀察喔！

螢火蟲與環境保育

　　螢火蟲是生態上的指標生物，因為牠需要在無汙染的環境下才能生存並繁衍後代，因此，有螢火蟲存在的地方，也代表著環境良好。最近幾年來「螢火蟲」已是台灣生態旅遊的一大商機，也是部分生態保育人士積極保護的對象，同時也有不少民間農場主動復育牠，但站在生態立場，唯有提高全民生態素養，並減少棲地破壞、汙染、光害，才能有更多機會體驗令人感動的螢光之夜。

① 螢火蟲為什麼會發光？

（A）食物中含有發光物質。（B）會劇烈燃燒養分，產生光。（C）是螢光素與螢光酵素的生化反應。（D）螢火蟲會自行產生微弱電流。

② 螢火蟲成蟲發光的主要目的是什麼？

（A）求偶。（B）溝通。（C）警示。（D）以上皆是。

③ 螢火蟲成蟲吃什麼？

（A）淡水螺。（B）蝸牛、蛞蝓。（C）露水、花蜜。（D）以上皆是。

④ 螢火蟲的幼蟲如何取得食物？

（A）攻擊獵物，並將獵物麻痺，之後再分泌消化液消化食物。（B）發光使獵物昏迷，再行捕食。（C）以腐植質為食。（D）吃已死的屍體。

解答

① （C）是螢光素與螢光酵素的生化反應。

說明：仔細讀過這一章的話，就能輕易答對這題喔！

② （D）以上皆是。

說明：螢火蟲的發光竟然有這麼多的功能，很令人吃驚吧！

③ （C）露水、花蜜。

說明：螢火蟲成蟲之後就開始「吃素」囉！

④ （A）攻擊獵物，並將獵物麻痺，之後再分泌消化液消化食物。

說明：幼蟲會先使用大顎攻擊獵物，同時將麻痺性液體注入獵物，使其癱瘓，再注入消化液加以消化，非常厲害吧！

↑ 長喙天蛾的口器細長可以捲起，蜂鳥細長的喙可是辦不到的。

好聽的歌聲和美麗的身影！夜間的蟲蟲派對

↑ 小長喙天蛾，辨識重點在後翅靠近基部的橙黃色，腹部近後翅有橙黃色斑。

夜間觀察不一定要趁著大半夜才出門，特地遠行到深山荒野裡，初學者在黃昏時段的校園、公園、鄰近步道，就可以挖到很多寶。天色漸暗，生態的舞台也會有不同的角色輪番演出！

蜂鳥？不不不，牠是天蛾

我們先介紹一種喜歡在夏、秋季黃昏出沒花叢間的動物，牠吸取蜜汁的形態讓許多初次驚見的人興奮不已，忍不住脫口而出認為牠是「蜂鳥」，但台灣沒有蜂鳥，牠們其實是天蛾科中，長喙天蛾屬或透翅天蛾屬的成員，以小長喙天蛾和咖啡透翅天蛾最為常見。

小長喙天蛾體背為灰至褐色，頭與胸的上背部中間有一條黑色縱紋，後翅在靠近基部的中間部分為橙黃色；在腹部兩側近後翅的兩節有橙黃色斑。擅長

騰空振翅吸食花蜜，速度很快，沒幾秒就移動至下一朵花，想清晰捕捉牠的倩影，可要多花一些耐心。

　　咖啡透翅天蛾又稱大透翅天蛾，也是有著長吸管，同樣擅長騰空吸蜜，但它體背前端呈淺橄欖綠色，大部分的翅面具透明感，腹部背面有紅、黑色的橫帶，與小長喙天蛾很容易區分。

↑ 咖啡透翅天蛾，其複眼、觸角、翅脈等都是昆蟲綱鱗翅目的特色。

　　蛾類多於夜晚活動，屬於夜行性昆蟲，這類昆蟲多具有趨光性，所以常可以在路燈下找到牠們。夜觀時，若一直戴著頭燈走路，就會有許多不明飛行物撞上臉來，所以為了不干擾蟲，也不妨礙自己，建議不需要全程開頭燈。

　　夜行性昆蟲中以蛾類最多，雖然大家對於蛾類存有許多負面觀感，但其中有不少漂亮、特別的蛾值得觀賞，例如皇蛾、長尾水青蛾、黃豹天蠶蛾，請別錯過了。

全世界最大的蛾：皇蛾

　　皇蛾的英文名是 Atlas Moth，所以也有人直譯為「阿特拉斯蛾」，主要分布於台灣、東南亞、中國南部、泰國、印尼等熱帶或亞熱帶地區，台灣在各個低

↑ 皇蛾前翅兩端向外突伸，狀如蛇頭，具恫嚇天敵之用。雄蛾觸角羽狀明顯。

中海拔山區普遍容易看到。皇蛾隸屬
天蠶蛾科蛇頭蛾屬，該屬只有皇蛾一
種。展翅長可達二十至三十公分，翅
膀以紅褐色為主，前翅兩頂端突出，
上緣有一枚黑色圓斑，看起來像眼
睛，翅端看起來就像蛇的頭部，所以
又稱為「蛇頭蛾」。皇蛾雖然大隻，
但成蟲生命只有約一至二週左右，一
年可繁殖兩次，羽化期約在四、五月
及七至九月各一次。

↑ 雌蛾的翅膀形狀較為寬圓，腹部較肥胖，翅膀
透明三角形較圓，與雄蛾的尖三角形略有不同，
和雄蛾翅膀的透明三角形比較看看吧！

美麗不輸蝴蝶的長尾水青蛾

　　一般蛾類外形不若蝴蝶漂亮，幼
蟲常常長著令人害怕的毛，不過有的
蛾類之美，一點都不輸蝴蝶，例如長
尾水青蛾。

　　長尾水青蛾與皇蛾同科（天蠶蛾
科）不同屬，拉丁屬名為 *Actias*，英
文名很美，為 luna moth，直譯成中
文即為：「月神之蛾」。如果你記得
二○○四年在台灣上映的《蝴蝶》這
部電影，電影中的昆蟲主角伊莎貝拉
（Isabella）就是這一屬的。台灣沒有
Isabella，但有三種同屬成員，即長尾
水青蛾、台灣長尾水青蛾、姬長尾水
青蛾。牠們的體色以水青色為主，後
翅都具有很長的尾突，非常符合中文
俗名的特徵。台灣中低海拔山區以長
尾水青蛾和台灣長尾水青蛾兩種較常
見。

↑ 皇蛾終齡幼蟲呈灰綠色具白粉，尾部有一個紅
色環狀斑點。

↑ 長尾水青蛾，四個翅面各有一枚眼紋，眼紋下
有一直線形灰綠色條紋。

長尾水青蛾的卵以及各階段幼蟲

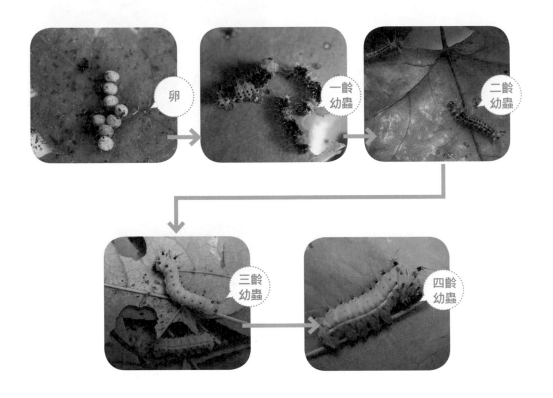

↑ 台灣長尾水青蛾，翅膀上的紋路為波浪狀，異於長尾水青蛾的直線形。雌雄異色，雄蛾個體為黃色。

↑ 台灣長尾水青蛾雌蛾個體為青色，圖為產卵過程。

↑ 台灣長尾水青蛾的一齡幼蟲。

↑ 夜晚的大自然裡，常也可以瞥見日行性昆蟲的睡姿，就像一幅靜態的圖畫般。日行性的黃蝶晚上睡覺的模樣也很美。

深夜的自然演唱會：螽斯和蟋蟀

拜夜行性昆蟲所賜，夜間觀察的時候也可以聽「演唱會」喔！秋天的夜晚以螽斯的歌聲最為嘹亮。不過你可能猜想不到，昆蟲「唱歌」的方式各有不同，例如螽斯和蟋蟀是依靠翅膀磨擦發聲的。

螽斯屬於昆蟲綱直翅目，昆蟲種類繁多分類不易，只須先了解直翅目分為長角亞目、短角亞目兩大類。長角的意思是觸角為細長絲狀，如螽斯、蟋蟀。短角指的是觸角粗短的，如蝗蟲。

螽斯是螽斯科的泛稱，包含種類約有三千種。螽斯為不完全變態昆蟲，體色以綠色、褐色為主，細長絲狀的觸角常超過體長，多生活於低矮草叢中。

螽斯是靠翅互相摩擦而發出聲音喔！雄性螽斯在左翅基部表面的下方，有一齒狀構造，右翅基部上表面，有一尖尖的摩擦緣，左翅疊在右翅的上面，迅速振動摩擦就發出聲音了，再加上共鳴器的作用，所以聲音特別洪亮。

↑ 褐色的螽斯。

↑ 正在鳴叫的螽斯，由於翅的振動迅速，基部外形變得模糊不清。螽斯翅的摩擦所發出的聲音很大。

↑ 褐背露螽若蟲，體色綠色，背部具三條白色細線
縱紋。

↑ 黑臉油葫蘆，複眼內側有一個倒八字紋，
雌蟲具明顯產卵管。

　　和螽斯相近的**蟋蟀**也是種類繁多，
牠們體型較近圓筒狀，觸角同為絲狀，
長度與身體相當，沒有螽斯長。雌蟲具
管狀的產卵管，聽器在前腿脛節上，也
是鳴聲響亮的蟲，同樣是藉著上翅的摩
擦，產生嘹亮鳴聲。體色常呈黑至褐
色，雜食性。

蟲蟲和光線的關係

　　雖然白天也可以見到部分獨角仙及
鍬形蟲停在樹幹上吸取樹汁，但到了晚
上，昆蟲的趨光性讓牠們常聚集於山區
有路燈的地方，讓夜間觀察的昆蟲迷興
奮不已。獨角仙、鍬形蟲是許多甲蟲迷
的最愛，很多小學生都養過這類甲蟲。
雖然養蟲可以學習負起照顧小生物的責
任、尊重生命並了解昆蟲的生活史。然
而養蟲的流行容易帶動專門抓蟲販售的
風潮，恐怕影響牠們的族群，或引發其
他生態問題。

　　除了過度捕捉之外，還有別的問題

↑ 黃斑鐘蟋蟀。蟋蟀也是夜觀時容易遇見的
昆蟲。

↓ 小扁頭蟋蟀若蟲，外型和成蟲很像，但沒
有翅。

值得我們關心。夜行性昆蟲的趨光性，造成牠們容易聚集於夜間的路燈底下，方便我們進行夜間觀察。然而光線也無形中改變了牠們的生活習性。山區公路中過多的路燈，尤其是水銀燈，會引來甲蟲停於地面過久，讓牠們不幸喪命於呼嘯而過的車輪底下，或成為早起鳥兒的食物。在享受科技進步帶來的便利生活之際，我們也要試著理解文明與自然之間的相互影響，並思考如何維持環境的平衡。

↑ 鍬形蟲屬於夜行性昆蟲，喜歡聚集於樹幹有樹液滲出處，具有趨光性。

↑ 獨角仙成蟲多出現在夏天。

① 夜行性昆蟲常具有何種共同特性？

（A）鳴叫聲都很響亮。（B）都為草食性。（C）都是完全變態。（D）具有趨光性。

② 下列哪一類昆蟲大多不是夜間活動的昆蟲？

（A）蝴蝶。（B）蛾。（C）螽斯。（D）蟋蟀。

③ 下列關於蛾的敘述，何者正確？

（A）皇蛾是全世界最大的蛾。（B）長尾水青蛾在台灣有三種，雌雄皆同為青色。（C）蛾屬於不完全變態昆蟲。（D）蛾與蝴蝶的區別就是蛾長得比較難看。

④ 我們應該如何友善對待夜行性昆蟲？

（A）多多為牠們準備食物。（B）盡量少使用水銀路燈。（C）要多多除草開路。（D）帶回家好好飼養。

解答

① （D）具有趨光性。

說明：（A）並非所有夜行性昆蟲都會鳴叫。（B）並不是所有夜行性昆蟲都是草食性。（C）並非所有夜行性昆蟲都是完全變態。

② （A）蝴蝶。

說明：仔細讀完這一章，生物小高手們應該會答出正確答案喔！

③ （A）皇蛾是全世界最大的蛾。

說明：（B）台灣的三種長尾水青蛾當中，台灣長尾水青蛾雌雄不同顏色喔！（C）蛾的幼蟲成蟲形態不同，屬於完全變態。（D）許多蛾的美麗可是不輸蝴蝶呢！

④ （B）盡量少使用水銀路燈。

說明：除了（B）之外，另外三個選項都是改變自然生物的生活型態，未必是「友善對待」，若不懂得牠們的習性，甚至可能對牠們有害喔！生物小高手們，你們闖關成功了嗎？

第3課

哇！一年四季都看得到的蛙蛙

如果你的夜間觀察想要訂定一個主題，除了賞螢之外，最不容易摃龜的應該就是賞蛙了。主要是因為牠們常都有特定的繁殖季節，而且求偶方式大氣又高調，聲色效果十足，不止牠們的女朋友會欣賞，許多愛蛙人也讚嘆不已。

↑ 長腳赤蛙。

蛙！你在哪裡？

賞蛙，在台灣是絕佳的自然觀察活動，尤其近年來許多地方生態好轉，只要是有水的地方就有機會在繁殖季節聽見蛙鳴。即使在都市裡，水溝、水桶、積水的泥地也能就近賞蛙，**長腳赤蛙、貢德氏赤蛙、拉都希氏赤蛙、腹斑蛙和蟾蜍**是比較容易遇見的。如果有水生植物多的靜水池（如荷花池）或水稻田、茭白筍田，那會是更好的賞蛙地點。蛙的生存最重要的條件就是「無汙染」，因此，看得到青蛙就代表該處生態環境還不錯。

賞蛙和其他夜觀活動一樣，**長袖上衣、長褲、帽子、手電筒**是基本配備，最好穿**雨鞋**，再準備**登山杖**或**棍子**，可以打草驚蛇，也可以撥出躲在落葉堆中的青蛙。人不要太多，講話要輕聲細語，腳步更是要輕柔。因為尋找青蛙需要聽音辨位，但蛙兒大都十分敏感，聽見其他聲音常就停止鳴叫。

台灣的青蛙和蟾蜍共約三十二種，有些蛙一年十二個月都有繁殖紀錄，例如拉都希氏赤蛙、橙腹樹蛙、莫氏樹蛙，但大部分都還是有一個主要的高峰繁殖時期。例如莫氏樹蛙於春季較容易看見，翡翠樹蛙以春秋兩季容易看見。

我們只先介紹幾種容易觀察的入門種類，根據比較容易見到的繁殖季節，整理如下表，大家可以根據這張表，試著練習尋找、辨識、觀察、紀錄。

表中的「體型大小」是一個方便大家觀察的概略區分，大型為體長八至二十公分；中大型為五至八公分；中型是四至五公分；小型為二至四公分。體長指的是吻端到肛門口的長度，別搞錯了喔！

春夏秋冬的蛙蛙倩影

主要繁殖季節	青蛙種類	體型大小及主要辨識特徵	分布環境
春	翡翠樹蛙 	1.中型，趾端有吸盤。 2.體背翠綠色，體側及四肢內側有許多如墨汁染開的黑色斑。 3.眼鼻線及顳褶金黃色。眼睛虹膜橘紅色。	以北部南、北勢溪流域及宜蘭地區為主。如烏來、石碇、坪林、貓空、東眼山等地都可找到。
	莫氏樹蛙 	1.中小型，趾端有吸盤。 2.體背綠或墨綠色。 3.體側及四肢內側有許多黑色斑點。	全台兩千五百公尺以下山區。台北市很少能遇見。

主要繁殖季節	青蛙種類	體型大小及主要辨識特徵	分布環境
春	面天樹蛙 	1.小型，趾端有吸盤。 2.體色深褐至淺褐色。背部有一個大型 H 斑形。 3.皮膚粗糙，有許多顆粒性小突起。	廣泛分布於台灣西部中低海拔山區。
	小雨蛙 	1.小型，體長約二・五公分。 2.頭小腹大、身形顯得圓胖。 3.背中央有深色對稱塔狀花紋。 4.雄蛙有鼓起來幾乎和身體一樣大的單一外鳴囊。	全台平地草澤、稻田、水池、開墾地及低海拔山區。北部較常見。
夏	虎皮蛙 	1.大型，體背黃綠色至暗褐色，並有深色斑點。 2.背部有排列整齊的長棒狀膚褶。 3.吻端尖圓而長，鼓膜大型明顯。	分布於無農藥使用的農田及草澤環境，由於棲息地受汙染，野生數量並不多。
	中國樹蟾 	1.小型，趾端有吸盤。 2.背部綠色，體側黃色散布黑色斑點。 3.深棕色過眼線從吻端到眼睛之後，形狀如眼罩。	常見於北部及西部一千公尺以下的農耕地及山區。

主要繁殖季節	青蛙種類	體型大小及主要辨識特徵	分布環境
夏	白頷樹蛙（又稱布氏樹蛙）	1. 中大型，趾端有吸盤。 2. 體背深或淺褐色，其上具縱條紋或斑點。 3. 大腿內側及體側有黑色網紋，趾端膨大成吸盤。	廣泛分布於全台一千公尺以下的林地或郊區。與外來種斑腿樹蛙很像。但鳴叫聲不同。
	褐樹蛙	1. 中大型，趾端吸盤明顯。 2. 體色多樣。 3. 兩眼間一淡色直線到吻端形成一個三角形。	廣泛分布於全台低海拔地區。
秋	梭德氏赤蛙	1. 中型，趾端膨大成吸盤狀。 2. 背部有八字形黑斑。 3. 有背側褶。	全台各山區。平常棲息在森林底層，繁殖期時遷移到溪流。
	盤古蟾蜍	1. 大型，耳後腺大而明顯。 2. 皮膚粗糙，有許多突起。 3. 頭部沒有黑色骨質脊棱。 4. 體色變化很大，從黃褐色、暗褐色到灰黑色都有，有些個體有背中線。	廣泛分布於全台各地。

主要繁殖季節	青蛙種類	體型大小及主要辨識特徵	分布環境
冬	台北樹蛙	1. 中型、趾端有吸盤。 2. 背部綠色至墨綠色。大腿內側有些細小的深褐色斑點。 3. 眼睛虹膜及腹部黃色。	南投縣以北一千五百公尺以下山區、果園、樹林或農耕地水域。
	長腳赤蛙	1. 吻端較尖，中型修長、有背側褶。 2. 體色深淺不一的褐色。背部有一個八字形黑斑。 3. 眼睛後方的鼓膜周圍有菱形斑。	零散分布於中北部郊區。

　　以下讓我們再仔細看看牠們的模樣吧！記下牠們的外貌特徵，夜間觀察的時候，看看你能不能辨識這些蛙蛙們！

翡翠樹蛙

↑ 翡翠樹蛙平時多棲息樹上。

↑ 求偶的雄翡翠樹蛙具單鳴囊。其體側及四肢內側有許多黑色斑，趾端膨大成吸盤。

↑ 這一隻雄翡翠樹蛙抱的是腹斑蛙，不會有什麼成果的。

莫氏樹蛙

↑ 莫氏樹蛙小蛙還有著一點點黑色尾巴。

↑ 莫氏樹蛙趾端有吸盤。

面天樹蛙

↑ 面天樹蛙四肢外側有白色顆粒突起。

↑ 面天樹蛙體色隨環境變成了淡褐色。

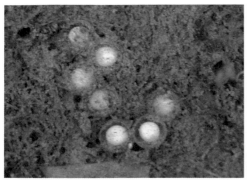

↑ 面天樹蛙的卵不是泡沫狀卵塊，粒粒分明，產於潮溼泥土上或水中。

↑ 小雨蛙頭與身體比例特殊，體背中央有深色對稱的紋路。

↑ 小雨蛙的蝌蚪是透明的，漂亮且容易辨識。

虎皮蛙

↑ 虎皮蛙外型和古氏赤蛙、澤蛙類似，背部都有許多突起，但虎皮蛙最大隻。

↑ 虎皮蛙吻端尖圓而長，鼓膜大型明顯，古氏赤蛙的鼓膜隱於皮下。

中國樹蟾

↑ 中國樹蟾趾端膨大呈吸盤狀，棲息在樹上，具有樹蛙的外部特徵及習性。

↑ 中國樹蟾的蝌蚪背部有兩條金線，常游在水面上，非常好認。

白頷樹蛙

↑ 白頷樹蛙。背上有斷斷續續四條直線。

↑ 白頷樹蛙身上的顏色與線條都是很好的保護色。

↑ 白頷樹蛙主要在春天及夏天繁殖，泡沫型卵塊呈黃褐色，常能見到好幾個卵塊聚成一大團掛在樹上或池邊。

褐樹蛙

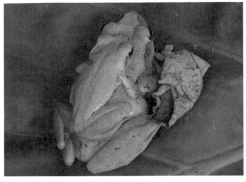

↑ 褐樹蛙的雄雌體型差異很大。猜猜看上面體型較小的是雄蛙還是雌蛙？

↑ 非繁殖時期，褐樹蛙常棲息在樹上。

梭德氏赤蛙

↑ 梭德氏赤蛙繁殖季在溪流邊常見。

↑ 梭德氏赤蛙卵塊團狀有黏性，常黏在石頭邊。

盤古蟾蜍

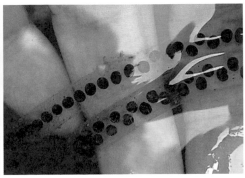

↑ 盤古蟾蜍雌雄個體差異大。

↑ 盤古蟾蜍的卵串。

台北樹蛙

↑ 台北樹蛙的綠色會隨隨環境有所變化。

↑ 台北樹蛙在秋末及冬天繁殖，雄蛙常會在水邊草叢底下挖洞築巢。

長腳赤蛙

↑ 長腳赤蛙雌蛙在繁殖季會有很明顯的偏紅體色，鮮豔美麗。

↑ 長腳赤蛙經常會群聚產卵，常可看到多個卵塊聚成一大圈。

① 下列何者不是正確的夜間賞蛙裝備？

（A）手電筒。（B）雨鞋、帽子。（C）涼鞋。（D）長袖上衣、長褲。

② 關於青蛙的活動習性下列何者正確？

（A）為夜行性動物，在晚上活動，但是在繁殖季節，白天也可以看到他們鳴叫求偶，尤其是下雨天。（B）青蛙全都是春夏季繁殖。（C）青蛙為體內受精。（D）青蛙為卵生，卵的形式只有一種。

③ 關於樹蛙的敘述，下列何者正確？

（A）都是像樹葉一樣的綠，所以稱為樹蛙。（B）繁殖時都產生泡沫狀卵塊。（C）全年都棲息在樹上，故名樹蛙。（D）趾端都膨大為吸盤狀。

④ 關於兩生類的敘述，下列何者正確？

（A）兩生類就是既可以生活在水中，也可以長時間生活於陸地上。（B）大部分雄性蛙類具有鳴囊用以求偶。（C）翡翠樹蛙的雄蛙常會在水邊草叢底下挖洞築巢。（D）褐樹蛙的雄雌體型差異不人，不易區分。

解答

① （C）涼鞋。

說明：最好要穿雨鞋，穿涼鞋腳趾外露，如果遇到蛇就危險了。

② （A）為夜行性動物，在晚上活動，但是在繁殖季節，白天也可以看到他們鳴叫求偶，尤其是下雨天。

說明：（B）蛙類並非全都在春夏季繁殖。（C）青蛙為體外受精。（D）青蛙為卵生，卵的形式也並非只有一種。

③ （D）趾端都膨大為吸盤狀。

說明：有關樹蛙的特色，（A）和（C）都錯了，樹蛙並非只棲息於樹上，也並非都是綠色喔！（B）繁殖時並非都產生泡沫狀卵塊，請參考第145頁面天樹蛙卵的照片。

④ （B）大部分雄性蛙類具有鳴囊用以求偶。

解說：（A）兩生類是最早由水中登陸的脊椎動物。通常幼體在水中生活，用鰓呼吸。成體在陸地潮溼處生活，用肺、皮膚呼吸。（C）常在水邊草叢底下挖洞築巢的是台北樹蛙。（D）褐樹蛙的雄雌體型差異大，很容易就能辨識。

↑ 鉛山壁虎，經常現身於住家附近，可以吃掉許多蚊蟲。

蝙蝠、鼯鼠、夜睡蓮
──我家附近的深夜舞台好精采！

↑ 黃昏時候，蝙蝠就會出來覓食。

我一直建議夜間觀察可以先從黃昏時候的住家周邊開始，一方面是安全因素，其次是了解生活周遭環境是深耕在地的第一步。別以為家附近無法「尋寶」喔！陽台、花園、菜園、學校、公園、堤防步道、田間小路……等，只要抱著「萬物靜觀皆自得」的心情，會發現無處不是大自然的學習寶庫！

會飛的蝙蝠、會滑翔的鼯鼠

黃昏時的郊區校園，常有蝙蝠飛舞。提到蝙蝠，大部分人下意識對牠有點敬而遠之，但台灣的蝙蝠不僅不會吸血，還能除蟲，值得大家來認識牠們。

蝙蝠是哺乳綱翼手目的總稱，是哺乳動物中唯一會飛的成員，種類超過一千種，是僅次於齧齒目的第二大類群，廣泛分布於世界各地，演化出神力奇技以適應多種環境。住家附近最常見的就是**東亞家蝠**，東亞家蝠喜歡吃昆蟲，如蚊子，一個晚上可以吃掉數

↑ 認識蝙蝠外部形態。

百到數千隻，對於討厭蚊子的人類來說，益處很大。

　　天黑之後，低海拔都市邊緣或郊區還能常見到一種不會飛但會滑翔的哺乳類：**大赤鼯鼠**。如果你在空中看見一大塊抹布狀的東西，帶著長長的黑尾巴飄過去，那大約就是牠了。也可以用手電筒試著搜尋牠經常出沒的大樹，如果看見一對反光的大眼睛，那大約也是牠。

　　大赤鼯鼠偏素食，多以植物的嫩芽、樹葉、花蕾、果實、種子和樹皮為食。牠愛吃的樹種繁多，像是小葉桑的果實和葉片，殼斗科植物的堅果和嫩芽，黃杞的種子、山黃麻的果實……等，植物隨著季節不同，有時開花，有時結果，於是大赤鼯鼠的菜單也隨季節而變化著。

↑ 喜歡吃蚊子的東亞蝙蝠。牠靠回音定位，所以眼睛較小。

↓ 夜間覓食的大赤鼯鼠。

↑ 大赤鼯鼠常常利用松鼠廢棄不用的巢來休息，　↑ 白天休息中的大赤鼯鼠。
所以白天也可以在這些地方搜尋牠們的蹤跡。

常見的領角鴞

　　低海拔都市邊緣或郊區還有機會邂逅貓頭鷹喔！最常見的夜猛禽就是**領角鴞**了，由於牠沒有固定繁殖季節，所以聽到的機會相對較多。較易聽見的是由雄鳥發出低沉渾厚的「勿──勿──」聲，間隔約十秒，可傳播的距離很遠。如能事先熟悉領角鴞白天的棲息處，就能悄悄靠近，用手電筒找尋。

↑ 白天回到樹上休息的領角鴞。

↑ 天色漸暗，領角鴞理羽之後即將出發開始活動。　↑ 已經找到伴侶，開始玩在一起的領角鴞。

蛇也可以「賞」嗎？

　　蛇大多是夜行性動物，加上蛇喜歡以蛙類為食，因此夜間賞蛙的時候，其實也能順便「賞蛇」喔！放下先入為主的抗拒心理，其實天地萬物都有值得觀賞之處呢！

　　蛇類主要以鼠、蛙為食，在食物鏈中是「較高層」的消費者，牠們的存在

↑ 龜殼花主要於夜間活動。

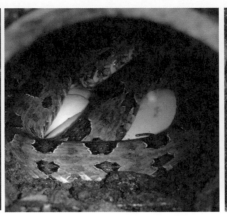

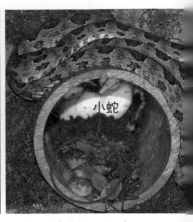

↑ 龜殼花白天瞳孔成直線，晚上就是一雙美麗的大眼睛。

↑ 護卵中的雌蛇，靠近觀察時要非常小心。

↑ 小蛇陸續破殼，雌蛇會待到最後一隻小蛇離開牠才會離開。

表示這個生態系中有足夠的食物讓牠吃飽，也就是蛙與鼠的族群是穩定的，換句話說，一個環境中若還看得到蛇，就表示這地方是個資源豐富的生態系。當然了，也代表著這裡有「天然捕鼠專家」喔！

　　蛇類是外溫動物，熱帶或亞熱帶地區有些種類的蛇，會在溫度舒適的夜晚活動，低海拔森林或郊區較常見的夜行性毒蛇有**龜殼花**、**雨傘節**及**赤尾青竹絲**等。

↑ 茭白筍田中的雨傘節。

↑ 雨傘節頭頸部為黑色橢圓形，體背黑白分明。

↑ 台灣毒蛇中最容易遇見的就是青竹絲。

　　龜殼花為二級保育動物，中型蛇類，頭部呈三角形，眼後有黑色縱帶，身體以褐色為主，其上有大型花紋。龜殼花為卵生，繁殖季在夏天，每窩卵數約三至十五個，孵化期約一至一個半月。雌蛇有護卵行為。

　　雨傘節性情溫和，不太會主動攻擊人類，卻是需要避免被咬的毒蛇。牠的毒液為神經性毒，人被咬時可能不產生劇痛，但一定要盡速就醫，否則還是有致死危險。雨傘節分布於全台低海拔地區，尤其是靠近水邊的地方，以兩棲類、老鼠、泥鰍等為食。頭頸部為黑色，體背為黑白相間的橫斑紋。鱗片平滑，有光澤，背脊鱗較大、呈六角形，整體而言十分好辨識。

　　赤尾青竹絲喜歡棲息在中低海拔和平地的樹林、灌叢、竹林、果園、水田、溪溝邊等環境，在竹林裡有著極佳的保護色。白天夜晚牠都會活動，但在夜間活動較為頻繁。主要以蛙類、老鼠、鼩鼱為食物，偶爾吃鳥及蜥蜴。胎生，一次可產三至十五隻小蛇。

月光下綻放的美麗花朵

除了欣賞蝙蝠、鼯鼠、貓頭鷹和蛇類之外，其實夜間還可以賞花喔！夜間開花的除了最有名氣的曇花之外，**瓠瓜、馬拉巴栗、火龍果、夜睡蓮**等，也都會在月光底下紛紛綻放白天難以眼見的美麗。

曇花屬於仙人掌科，原屬於熱帶沙漠的旱生性植物。莖扁柱形，花朵生於葉狀枝的邊緣，花大型，白色重瓣，晚間約七至八點就可以看見它慢慢展開花瓣，九點到十點之間全開，花香四溢，吸引夜間昆蟲。天未亮時就凋謝了。

同為仙人掌科但不同屬的火龍果有著比曇花更高的經濟價值，特別是作為水果，它的三角柱狀莖有刺和曇花差異很大，但開起花來卻十分相似。開花時間、香氣、花形都很像，但火龍果的花撐得較久，較曇花晚凋謝。

如果想遇到瓠瓜開花，也要選在黃昏之後喔，因為白天裡，瓠瓜花朵都是閉合狀，這一點和絲瓜、小黃瓜、南瓜等常食用瓜類的花朵狀況不同。

瓠瓜為一年生草本蔓藤，全株具絨毛，花著生於葉腋，五個白色花瓣。夜間開花的植物能吸引夜間活動的昆蟲來傳播花粉。

最後介紹夜睡蓮，它是白天晚上都可以觀察的植物。許多校園池塘都有種植睡蓮，但你可曾注意過它們「睡覺」與「清醒」的時間嗎？

↑ 晚上七點半左右，初開的曇花。

↑ 晚上八點半左右的曇花。

↑ 晚上九點半左右盛開的曇花。

↑ 火龍果的花在夜間較容易觀察。

↑ 瓠瓜全株具絨毛，雌花花瓣下面為膨大的子房。

↑ 瓠瓜夜間盛開的花朵吸引夜間活動的蛾類來傳播花粉。

　　夜睡蓮的花約在晚上八點開放，直到隔天早上九、十點左右閉合，連續三、四天後，花朵枯萎沉入水中。它的「作息」是不是很特別呢？

　　夜晚並不只是一片漆黑而已，在昏暗的光線中，只要喚醒自己的觀察心和學習的熱情，你會發現大自然的夜晚比我們想像中的要熱鬧許多喔！

↑ 這是夜晚盛開的夜睡蓮。

↑ 這一朵夜睡蓮快要睡著了。

↑ 這不是花苞喔！這是白天會睡覺的睡蓮。

① 蝙蝠在生物分類上，與下列何者血緣最近？

（A）鳥。（B）蛾。（C）松鼠。（D）壁虎。

② 下列何者不屬於夜行性動物？

（A）大赤鼯鼠。（B）龜殼花。（C）領角鴞。（D）老鷹。

③ 關於夜間的自然觀察活動，下列敘述何者不正確？

（A）輕鬆愉快最重要，夏季可著短衫、涼鞋。（B）不一定要上山，但可以帶著登山杖，需要時可用以打草驚蛇。（C）照明設備是必備攜帶物品，如手電筒。（D）不一定要到荒郊野外，也可以從住家社區等就近觀察。

④ 關於夜間開花的植物，下列敘述何者正確？

（A）夜間開花因為無法授粉，故多無法結果。（B）夜間開花會吸引夜間活動的昆蟲傳播花粉。（C）夜間開花植物多為自花授粉。（D）荷花、夜睡蓮為夜間開花植物。

解答

① （C）松鼠。

說明：生物小高手應該很快就能答對這一題！蝙蝠是哺乳類，四個選項中只有（C）松鼠是哺乳類，因此和蝙蝠血緣最近。

② （D）老鷹。

說明：四個選項中（A）、（B）、（C）都是夜間觀察時可以見到的動物，你答對了嗎？

③ （A）輕鬆愉快最重要，夏季可著短衫、涼鞋。

說明：為了安全起見，夜間觀察一定要穿長袖衣衫，避免穿腳趾外露的涼鞋。

④ （B）夜間開花會吸引夜間活動的昆蟲傳播花粉。

說明：（A）夜間開花還是可以授粉。（C）夜間開花的植物不一定是自花授粉。（D）荷花並不是夜間開花植物，夜睡蓮才是喔！

第5關

為什麼生態旅遊比較好玩？
以人文眼光觀察生物

闖關前的學習寶典 V

學習引導✕學習關鍵字✕生物祕笈大公開

學習引導

生物課下冊第五、第六章

學習關鍵字

生態系、生物多樣性、食物鏈、國家公園、永續發展、自然保育

生物祕笈大公開

「生態旅遊」和一般的旅遊不同嗎？

結束夜間觀察之後，接下來的闖關，我們要認識「生態旅遊」。

提及「生態旅遊」，各國學者都寫過略有差異的定義。我們先放下嚴謹的分析，先僅就字面意義研究，依台灣國家公園的資料，生態旅遊意思是「一種觀察動植物生態、自然環境的旅遊方式，也可詮釋為具有生態觀念、增進生態保育的遊憩行為」。

台灣有幾座國家公園？

台灣於一九七二年公告「國家公園法」之後，一九八四年成立第一座國家公園，也就是墾丁國家公園。目前全台共計九座國家公園。

旅遊人人都愛，然而如何玩得有「質感」是一門學問，「上車睡覺、下車尿尿、趕緊拍照、瞎拚買藥」的緊湊行程，久而久之也會使大家厭倦，漸漸地，有心之士轉而擁抱一種以「自然元素」為賣點的行程。但這些自然元素多是人為經營的農場、花園等，例如上武陵森林遊樂區賞粉紅佳人（人為培育的一個櫻花品種）、到赤柯山看金針花、住清境農場民宿看綿羊秀或走天空步道。這些行程看似以自然為主題，然而其中生態觀念的欠缺，使得旅程和真正的「生態旅遊」有好一段距離。尤其是清境農場，違規民宿猖獗，颱風季節土石流危機重重，齊

柏林先生導演的紀錄片《看見台灣》從空中拍攝，使得清境農場滿目瘡痍、濫墾濫伐的問題更加清楚地展現在台灣人的眼前。若說看幾隻進口的綿羊吃草，就是「體驗小瑞士」，住一晚夢幻的童話城堡民宿，就是「享受田園生活」，對於生態的理解就太過淺薄，無法提升生態素養，也無法談永續發展，更不可能讓孩子們從旅遊中學習，寓教於樂了！

認識「永續發展」，找到真正的教育意義

「永續發展」的英文為 sustainable development，譯為「可持續的發展」，也許比「永續發展」更為貼近現況及原意。一九八七年聯合國第四十二屆大會中，將「永續發展」一詞定義為「能夠滿足當代的需要，且不致危害到未來世代滿足其需要的發展」。認識「永續發展」的意思之後，仔細想想，如果能在享受旅遊之樂的過程中，讓孩子無形中學習這份胸懷，從大自然這個寶庫中輕鬆吸收寶貴知識，不正是最簡便的一種環保行為，以及教育最了不起的意義所在嗎？

如果剖析清境農場等遊憩熱點的行銷模式，會發現商家往往設定一個主題，吸引許多趕集嘗鮮的觀光客，然而一窩蜂的結果就是造成塞車與壅塞，遊憩品質下降，在地居民生活受到干擾，生態環境也遭受衝擊，與「生態旅遊」的美好理想漸行漸遠。

高統整性的學習：第一次的「生態旅遊」怎麼規畫？

你可能很難想像，為什麼「玩」一趟，就能學到比課本還要多數百倍的知識？

事實上，「生態旅遊」本身就是**高統整性的學習經驗**，符合多元學習的精神，有助於孩子真正連結課本上的字詞與現實中的大自然，快速建立更具體的知識，也更有效率地建立孩子獨特的求知方法。從遊戲性質的趣味中引發孩子無窮無盡的學習動力，也更能使孩子的**邏輯思考**與**創造想像**淋漓盡致地發揮出來。

「國家公園」的定義是？

是指具有國家代表性之自然區域或人文史蹟。世界上第一座國家公園是美國於一八七二年設立的黃石國家公園。迄今全球已超過三千八百座的國家公園。

↑ 清境農場走一遭，並無益於生態的永續發展。　↑ 到桃米生態村住一晚更能深入生態旅遊。

　　如何踏出第一步呢？我再次推薦，可以從在地、身邊未受破壞的自然地方、步道古道、國家公園等地起步，先從小尺度、小規模、小地方開始，較容易深入且長久持續。先規畫一天或幾天的短短假期，準備輕裝、輕食，開啟環保模式，以不影響大自然為目的，再深入大自然中，細細體驗。

　　可以盡量避開人們口耳相傳的知名小吃、熱門景點，盡可能不受人為行銷促購的影響。不一定要買大量生產到處可見的紀念品，也不一定要食用非當地產造的飲食，試著自行尋找當地的自然景觀與人文特色，抱著尊重在地文化的態度，漸漸用自己的眼光，挖掘出值得探究的故事，摸索出當地的生態內涵。如果有機會，可付費聽取當地的解說服務，食用當地特色農產品等，這些都有助於地方發展生態旅遊，也提升了我們旅程的內涵。

　　台灣的生態資源如此豐富多元，生態旅遊其實大可成為台灣發展觀光的一個方向。如果我們能在旅遊中提升生態素養，無形中也助長了生態旅遊的發展，更保住了台灣地方文化與生態特色。

　　接下來將介紹兩個台灣生態旅遊景點，以及幾個歐洲生態旅遊景點，期望大家會喜歡上生態旅遊，並逐漸培養深厚的保育素養。請挑戰闖關吧！

↑ 福山植物園中的水杉在冬季也是會落葉的。水杉並非原生植物，是人工引進栽培。

想看森林？想看山羌和藍腹鷴？
應有盡有的生態寶庫福山植物園

說到植物園，全台知名度以台北植物園最高，其他如國立自然科學博物館植物園區、宜蘭縣仁山植物園也很值得一遊，但若以自然生態景觀的豐富度而論，最值得推薦的當屬福山植物園。

便於實地觀察的學習寶庫

福山植物園位於新北市烏來區福山村與宜蘭縣員山鄉湖西村交界處，海拔高度約六百至一千兩百公尺，占地面積一千兩百公頃。一九九三年十二月開放二十公頃左右的植物園區提供民眾申請參觀。其他範圍如水源保護區、哈盆自然保留區只用於研究調查及生態保育，並未進行開發，也不開放參觀。想入園遊覽的遊客需先上網申請，得到許可後才能在上午九點之後入園，下午四點前離開。

福山植物園非一般風景區，園區內沒有餐廳，

福山植物園怎麼去？

地址是宜蘭縣員山鄉湖西村雙埤路福山 1 號，可以撥電話 03-9228900 洽詢入園詳情。或者自行查詢官網。

http://fushan.tfri.gov.tw/

↑ 福山植物園中不同季節的落羽杉。

不供應飲食，卻是有山有水有風情。行政中心可以提供解說服務，園區內規畫有總長二十公里的自導式步道提供遊客自主學習。漫步山水懷抱中的原木步道，諸多繁複精采的植物供我們觀察、辨識、欣賞、比較、學習，無形中培養出融入大自然的心境，尊重大自然之心油然而生。

↑ 水池中的原生種植物台灣萍蓬草、東亞黑三稜、水社柳……等。但水池中並非都是原生植物，如睡蓮、水蘊草、苦草、滿江紅、浮萍……等，都是人為引入。

　　園區蒐集栽種以提供觀賞的植物樣式繁多，共一百三十五科、七百多種，規畫為「自然教室區」、「樹木展示區」、「生活植物區」與「森林探索區」四大區，供遊客依個人喜好選擇觀賞。可說是生物學習愛好者的祕密寶庫！

　　「自然教室區」除了水塘中的水生植物外，多以矮柵欄圍起的小園地來展

示，有蘭科植物、蕨類植物、裸子植物等主題，我們可以善用園區內設置的各項解說牌來學習認識植物，尤其是平時不容易一起就近觀察、比較的近似種，例如扁柏與紅檜、落羽杉與水杉、五葉松與華山松等。是非常便於觀察的園地！

叫人又愛又恨的殼斗科

「樹木展示區」中的「樟櫟天地」收集了不少原生的樟科、殼斗科植物，這兩家族是台灣中、低海拔常見的重要樹種，卻讓許多喜歡觀察植物的人既愛又恨。為什麼愛呢？因為殼斗科的果實造型實在太可愛，看過《冰原歷險記》這部電影的觀眾一定記得片中的那一顆堅果，還有宮崎駿的電影《龍貓》裡的「橡果子」，兩者都是殼斗科植物的堅果，俗稱「橡實」。其中，台灣黑熊最愛的青剛櫟果實，是低海拔山區最常見的橡實。

那麼可愛的果實，又為什麼讓人恨呢？原因是因為果實種類繁多，又無大型鮮豔花朵以便辨識，加上植株高大，相似度高，因此容易讓人辨識不出，於是氣餒不已。不過，福山植物園中植株較低矮，同科樹種集中，方便有興趣的初學者觀察比較。剛起步時，不一定要執著於物種分類，只要能先認識這一科的特徵，欣賞造型特殊的果實，享受單純的樂趣，就很值得了。

↑ 橡樹的果實，橡實之名的由來。

↑ 小西氏石櫟，又名油葉石櫟，果實可食，其上常有動物咬痕。

↑ 走到「樟櫟天地」區時，可以抬頭找找看看，樹上還有沒有可愛的橡實。

↑ 大葉石礫的果實。

杜鵑、茶花、桃金孃——多采多姿的「繽紛世界」

「樹木展示區」的「繽紛世界」主要展示較具特色的原生樹木，如**杜鵑花、茶花、大丁黃、降真香**，但如果想要賞花，可還要留意花期才不會失望。還有樹皮顏色像黃土的薔薇科植物**黃土樹**、樹皮會脫落呈光滑狀的**九芎**，以及樹幹上長著不少長長尖刺的皂莢，都是值得推薦的觀察重點。

還有不少花朵美麗的植物，如**尾葉山茶、桃金孃、台灣金絲桃**……等。

↑ 大丁黃的花，淡紅色鑲著白邊，五個圓形花瓣，五個不具花絲雄蕊著生於花盤周圍，小巧可愛。

↑ 大丁黃倒錐形的果實為淺紅色至深紅色，種子外有一層鮮紅色的肉質假種皮。

↑ 黃土樹，又名大葉櫻。

黃土樹
Prunus zippeliana

↑ 皂莢為豆科植物。用途很廣，木質堅硬可當木材，果莢可做肥皂，種子可以榨油。

↑ 黃土樹樹皮褐色，平滑而易剝落，露出的顏色如黃土。

↑ 尾葉山茶為台灣原生種，葉子先端尾狀漸尖，花期長，從十月至隔年三月，花為白色五花瓣。

↑ 冬季盛開的觀賞茶花。

↑ 台灣金絲桃，台灣特有種。一至三朵頂生或腋生，花瓣長約一至二公分；雄蕊花絲金黃色，果實桃形，故名金絲桃。

↑ 桃金孃，有桃紅色的花冠和細長花絲，花藥金黃色。

藍腹鷴、山羌、竹雞——這裡也有好多動物可看

　　福山植物園為避免過多遊客對環境造成傷害，每週開放六天，名額入園定量，並於每年三月動物繁殖高峰期休園，讓園區野生動物免於干擾。明明是植物園，卻要保護動物？沒錯，園區是一個複雜而穩定的生態系，當生態系最底層的生產者（綠色植物）欣欣向榮時，初級消費者就可以吃飽，初級消費者族群穩定，次級消費者也跟著享福。以此類推，每一條食物鏈都穩定，自然會構築出健康的食物網，這就是為什麼植物園內有這麼多的野生動物，而這也是愛好自然者、生物學習者一直在追求的美好生態。

　　因此，來植物園不僅可以學習植物辨識，更難得的是，還可以就近觀察野生動物。在這裡你可以親身體驗到，人與動物之間可以和諧相處，可以不懷恐懼。

　　水生植物池中常有**小鸊鷉**、**白腹秧雞**、**紅冠水雞**、**夜鷺**，隨著季節不同，偶爾也有**蒼鷺**，幸運的話還可以看到成對的**鴛鴦**。

　　園區中還可以看到**食蟹獴**、**山羌**、**台灣獼猴**、**藍腹鷴**、**竹雞**……等印象中不易近距離觀察的野生動物。運氣再好一點的話，**山豬**、**長鬃山羊**、**台灣葉鼻蝠**，也都是有機會邂逅的動物。

怎麼樣，動心嗎？帶一份午餐，在園區玩一整天，保證一整天都不夠。這裡值得一年四季各來一次，每個季節各有不同風貌，無論是大晴天或陰雨綿綿，我總覺得時間不夠，還有好多可以看的物種，於是便一來再來。

↑ 食蟹獴，因喜食螃蟹而得名，為珍貴稀有的二級保育類，俗稱棕簑貓。牠的頭部細長、吻端突出，嘴角至臉頰有一道明顯的白色鬃毛。

↑ 山羌是鹿科羌屬動物的泛稱。台灣山羌為原生種、保育類動物。雄性山羌頭上的黑斑呈 Y 字形，具不分叉短角，短角每年脫落，重新生長。

↑ 雌性山羌僅有骨質隆起，沒有角。頭上的黑斑呈盾牌狀。

↑ 福山植物園裡的台灣獼猴與遊客維持著適當距離，因為訪客被嚴格要求不亂餵食野生動物，野生動物自然不會向人類索取食物，唯有如此，人與野生動物才能保有友善關係。

↑ 藍腹鷴,雄鳥。初見時必然讓人大為興奮,但請屏住氣息,不要大聲歡呼,以免干擾活動中的動物。

↑ 優雅漫步於林中的一對藍腹鷴。藍腹鷴為台灣特有鳥種,棲息在海拔兩千公尺以下中低海拔森林底層中。

↑ 竹雞雖然是淺山地帶很普遍的鳥,但生性膽小行動敏捷,不容易仔細觀察,而園區的竹雞對於人類顯得放心許多。

下課前五分鐘

① 關於福山植物園的敘述，下列何者正確？

（A）全區均為台灣原生種植物。（B）只有植物，沒有動物。（C）只有陸生植物，沒有水生植物。（D）生態豐富，動植物與菌類皆具。

② 在植物園中遇見野生動物時，我們應該如何因應？

（A）安靜觀察就好。（B）機會難得，可以大聲歡呼。（C）為防止動物飢餓，趕緊餵食。（D）可以追逐、驅趕、玩耍。

③ 關於「橡實」的敘述，下列何者不正確？

（A）《冰原歷險記》電影中的那一顆堅果也是橡實。（B）泛指殼斗科植物的堅果。（C）橡實過於堅硬，動物無法取食。（D）青剛櫟的果實也是橡實的一種，為台灣黑熊最愛的食物之一。

解答

① （D）生態豐富，動植物與菌類皆具。

說明：（A）全區並非都是原生種。（B）全區並非只有植物，沒有動物，因為植物園是完整的生態系，有充足的生產者（綠色植物），於是也會有許多消費者喔！（C）也有豐富的水生植物可以觀賞學習呢！

② （A）安靜觀察就好。

說明：生物小高手們應該都能輕鬆答對這題！這是生物學習的基本素養！

③ （C）橡實過於堅硬，動物無法取食。

說明：動物可以吃橡實喔！例如台灣黑熊最喜歡吃的食物之一，就是青剛櫟的果實，它也是橡實的一種。生物小達人們，你們都闖關成功了嗎？

景觀步道全長
Scenic Trail
342公尺

第2課

↑ 東眼山步道中的柳杉林，是台灣早期的人造林。

四季都有不同驚喜的東眼山森林遊樂區

桃園市復興區的東眼山國家森林遊樂區，由於早期是北台灣的林場之一，所以保留了不少人工造林地，加上一些天然闊葉林，整體而言動植物生態還算豐富。不過，許多人熟悉的卻不是東眼山，而是「綠光森林」……

舒適好走的生態寶庫

許多看過偶像劇《綠光森林》的人，都聽過綠光森林休閒農場。「綠光森林」當年堪稱是北台灣的小清境，給觀光客一種瑞士阿爾卑斯山放牧風格的自然風情。雖然步調優閒浪漫，但若對於大自然的體會與認識不夠，就只會成為到此一遊的短暫休閒，只能達成「一次性的觀光」，生態保育概念也就無法深刻落實。如今，綠光森林已經不再出現當年排隊等車位的盛況，反而是繼續前行八公里之後，上東眼山的人潮逐年漸增。

園區中以東眼山一千兩百一十二公尺的海拔

> 東眼山森林遊樂區怎麼去？
>
> 地址是桃園市復興區霞雲里，可以撥電話03-3821506洽詢詳情。或者自行查詢林務局資訊。

tw/http://recreation.forest.gov.
tw/RA/RA_1_1.aspx?RA_
ID=0200003

最高，最具代表性，因此遊樂區也以此命名。入園後左行可至遊客中心，由此啟程循自導式森林浴步道前行，即可展開生態之旅。自導式森林浴步道長約四公里，有坡度，近年來經過重新整修，木製階梯、石板路均安全好走，沿途設有許多解說牌，愛好自然、想親近自然以便學習的大人小孩，都可以安心健行，輕鬆充實自己的生態知識。

東眼山的春季風情

如果是春天前來，有不少春天花卉盛開，除了較大眾化的山櫻、杜鵑、流蘇之外，還有**重瓣麻葉繡球、日本鳶尾、六月雪**等園藝植物，步道中森林以**人造柳杉林**為主，底層則有**水晶蘭、翹距根節蘭、長葉杜鵑蘭、插天山細辛、山薑、蕨類**等。每次來都別心慌，認識幾種生物，細細觀察即可，培養出興趣之後，上山尋找動植物就會是期待假日到來的一股動力。

沿著步道可以爬到東眼山最高點，這裡屬於雪山山脈的尾端，山頂設有瞭望台以縱覽群山，天氣晴朗時，可由此眺望桃園、三峽、淡水河，視野十分遼闊。

↑ 重瓣麻葉繡球為薔薇科、繡線菊屬的園藝觀賞用植物。花純白色簇生於枝頂，呈球形的花序排列。

↑ 日本鳶尾，鳶尾科、鳶尾屬的草本植物，花瓣白色為主，長三至四‧五公分，外花被上有黃色斑點。花朵盛開時期很長，一年四季幾乎都能見到開花。

↑ 流蘇，台灣原產於大漢溪流域低海拔山區，但現在公園十分常見，皆為人工栽培，野生植株極為罕有。

↑ 不很常見的插天山細辛，花是特殊的黃綠色。花冠筒口縊縮。

↑ 長葉杜鵑蘭，萼片與側瓣均為褐色，唇瓣鮮黃色，兩側有褐色塊斑，並具三條明顯的脊稜。

↑ 山薑，又名日本月桃，外型與月桃相近，同為月桃屬植物，植株不及一公尺高，春季開花，細看花朵極為精緻秀麗。山薑只有在北部山區才能見到。

生痕化石是什麼？

生物活動留在沉積岩的痕跡，如爬痕、鑽洞或排泄物。生痕化石可用以研判生物的生活環境。

↑ 生痕化石。蝦蟹類攝食或築巢穴時留下的生活痕跡。

連結兩個國家森林遊樂區的「東滿健行步道」

除了登上東眼山三等三角點之外，園區內還有一條值得推薦的「東滿健行步道」，「東」就是東眼山國家森林遊樂區，「滿」指的就是滿月圓國家森林遊樂區，也就是連結這兩個國家森林遊樂區的步道。全長大約七‧四公里。這條步道是園區內最具挑戰性的路線，生態相對多樣豐富，許多登山客經此步道，登上北插天山賞山毛櫸，可說是健腳等級的路線，請練好身手再闖關喔！

從園區入口右方到東滿步道起點約有兩公里的碎石子路，寬闊好走，非常適合親子家庭健行。路旁有化石區的展示，其中有三千萬年前的蝦、蟹等在沙灘上活動所形成的「生痕化石」，是森林遊樂區中罕見的地質景觀，值得一看！

各季節不同的生態樣貌

往東滿步道上的碎石子路右側植有整排的楊梅，春天開花後結果，果實成熟時會吸引許多動物前來覓食。許多人可能不知道，清朝乾隆年間，楊梅地區就是因為遍植楊梅，才會有此地名喔！

楊梅於春天開花，為雌雄異株，雄花序為紅黃色，不會結果。雌株的果實可於夏季成熟，果實為圓球形**核果**。外果皮為肉質，有小粒狀突起，成熟時深紅色，味道酸中帶甜；內果皮是堅硬的木質，用以保護裡面的種子，就像梅子、櫻桃等。雖然也可食用，

核果是什麼？

果實的外果皮薄，中果皮常較厚，內果皮堅硬，形成一個硬核。例如：桃子、李子、棗子、楊梅等。

↑ 這是楊梅的雄株，看到美麗的紅黃色花序，就知道它不會結果了。

↑ 這是楊梅的雌株，開花後果實慢慢成熟，既可欣賞又能做為小動物的食物。

但現代人喜好肉多味美的水果，楊梅果肉少，硬核大，較不受大眾喜愛。

　　初夏，園區內果實成熟落地，樹下就有許多蝴蝶可以觀賞，如**青斑蝶**、**黑樹蔭蝶**、**環紋蝶**等，樹上有蟬鳴嘶叫，松鼠攀爬，還能見到**攀木蜥蜴**。

　　如果是冬天來此，雖然沒有楊梅，但也有特殊的生物可以觀賞，例如**新店當藥**、**金盤八角**、**通脫木**，花期都是冬天，這時還有不少**青楓**的葉子逐漸轉紅。放眼望去，美不勝收！

　　碎石子路左側的水溝若逢雨積水，就有機會趁機賞蛙了！**腹斑蛙**、**翡翠樹蛙**、**斯文豪氏赤蛙**等，園區中的蛙類還不少。不過也得小心喔！前文提過蛙類是蛇的食物之一，所以有蛙就會有蛇，無論你喜不喜歡賞蛇，都需小心謹慎以免被咬傷。這一路線在秋天時，**鍬形蟲**數量也不少，尤其是**紅圓翅鍬形蟲**，暗紅色的鞘翅很容易發現。

↑ 黑樹蔭蝶，翅膀表面黑褐色，上下翅有尖角狀突起，翅腹面具明顯眼紋，有些個體變化很大。喜歡較陰暗環境，樹林中頗為常見。

↑ 環紋蝶，因前腳退化現在併入蛺蝶科。翅膀為黃褐色，腹面各有五枚成列的橙色魚眼斑紋。

↑台灣熊蟬，生活於平地至低海拔山區，成蟲於五至九月間出現，雄蟲腹部具發音器，叫聲響亮。翻過來看牠的「肚子」，發現這一隻沒有發音器，原來是不會鳴叫的雌蟲。

↑這隻台灣熊蟬就是會鳴叫的雄蟬，比較看看雌雄腹部的不同吧！

↑新店當藥，屬龍膽科，花頂生，五枚裂片為淡黃或黃綠色，上有紫色蜜腺及斑點，花謝後會結果。

↑ 東眼山的斯文豪氏赤蛙常有著褐色系體背。

↑ 紅圓翅鍬形蟲，有橙紅色或暗紅色翅鞘，表面光滑閃亮，非常醒目易見。

↑ 斯文豪氏赤蛙鳴叫聲像小鳥音，喜歡躲在牆面上的出水管中。

↑ 翡翠樹蛙正好遇上了過山刀，過山刀可不懂自己正捕捉了一隻保育類動物啊！

↑ 斯文豪氏游蛇喜歡吃蛙，為台灣特有種保育類。

瀕危的國寶：菱形奴草

東滿步道兩旁也是**柳杉林**為主，夾雜著樟科、殼斗科等闊葉植物。最特殊的一景不是這些高大的喬木，而是台灣國寶級且嚴重瀕危的一種寄生植物：**菱形奴草**。一九二四年，菱形奴草首次在南投縣魚池鄉的蓮華池被發現，二〇〇四年在東眼山被發現，這兩處正是菱形奴草僅有的分布地點。它是大花草科奴草屬的植物，並非以美色著稱，它的價值在於特殊、稀有，畢竟，在討論生態平衡與保育時，我們所重視的就是「多樣性」，而不是根據人類的審美喜好與感官滿足。

菱形奴草全株無葉綠素，不行光合作用，族群藉著寄生在**鋸葉長尾柯**的根部來取得維持生命所需的養分。

↑ 圖中的橘色小點就是菱形奴草，約於每年十一月左右，自寄主鋸葉長尾柯的根部冒出頭來。這張已是歷史圖片，二〇一六年梅姬颱風後，整棵倒下。日後的秋季是否還能相見，仍屬未知。

↑ 二○一七年，倒下的鋸葉長尾柯，中心以最自然的方式協助它存活。

　　這個美麗的園區我已經造訪超過十次了，都還沒真正看夠，總想再次與藍腹鷴或橙腹樹蛙不期而遇。太多美麗的生物無法逐一介紹，只能期盼人人都親自走訪，體驗生態旅遊令人驚喜之處。

↑ 菱形奴草，雌雄同株，但雄蕊脫落後雌蕊才露出來，如此可以避免自花授粉。

①東眼山引人入勝的特色不包括下列何者？

（A）生痕化石。（B）菱形奴草。（C）綿羊放牧。（D）自導式森林浴步道。

②關於楊梅的敘述，下列何者不正確？

（A）多為雌雄同株。（B）雄株花朵小而多，紅至黃色。（C）雌株開花後可結果。（D）楊梅的果實屬於核果類。

③下列何者屬於生痕化石？

（A）恐龍蛋的化石。（B）五十萬年前北京人的骨骼化石。（C）動物園裡的貓熊。（D）沉積岩中蝦兵蟹將在沙灘上所挖的穴道。

④關於生物多樣性的敘述，下列何者正確？

（A）熱帶雨林生物多樣性較草原低。（B）將外來種置入生態系中，對生物多樣性幫助很大。（C）生物多樣性越高，生態系越容易維持平衡穩定。（D）生物多樣性越高，則提供為醫藥、糧食的物種取得會越困難。

解答

①（C）綿羊放牧。

說明：生物小高手們，如果仔細讀過這一章，應該就能輕鬆答對喔！

②（A）多為雌雄同株。

說明：楊梅是雌雄異株。

③（D）沉積岩中蝦兵蟹將在沙灘上所挖的穴道。

說明：再複習一下「生痕化石」的定義吧！

④（C）生物多樣性越高，生態系越容易維持平衡穩定。

說明：生物多樣性如果越高，食物鏈就越能保持不斷，食物網也越來越完整，因此生態系也就更容易維持平衡了！

第**3**課

↑ 法國梧桐（二球懸鈴木），樹蔭廣大、生長容易，最高可長到二十至三十五公尺。在歐洲公園或道路兩旁常見。攝於義大利。

法國梧桐不是法國製造？飛歐洲玩生態旅遊

↑ 梧桐科的梧桐樹，葉形為心狀圓形，葉片有三至七個淺至中裂，葉柄很長。

台灣近年來海外旅遊風氣漸盛，從自由行漸多的趨勢中可以推知，大家逐漸厭倦了跟團，開始趨向自己規畫行程，做深度之旅。玩得有深度、有特色、有學問，其實從異國常見的植物開始，是最簡單的入門方式……

法國梧桐的原產地並非法國

許多旅行團的導遊在行過巴黎香榭大道時都會對遊客介紹這種樹，甚至許多遊客都在它的綠蔭下喝過咖啡。它在歐洲各地是非常普遍的行道樹，台灣少有種植。因為它的樹形優美，樹冠寬廣，加上大型的掌狀葉，外觀獨具特色，很容易吸引第一次到歐洲旅遊的人們。我在一九九二年初次到歐洲時，也被它「錯得很美麗」的名字給唬住了，更進一步探究它的身世，總算了解一則樹木的歷史故事。

為什麼說「錯得很美麗」？光聽名字，會以為它是原產地為法國的梧桐科植物。但它既非原產法

國,也不屬於梧桐科,這個中文俗名的由來,要回溯到上海還有法國租界的時代,當年上海人引入這種樹作為行道樹,因為葉形像梧桐葉,於是就有了「法國梧桐」這個浪漫的樹名。

台灣少有梧桐,《台灣樹木解說》一書中曾寫到「中橫公路沿線、恆春半島、金門較多」。在中國有梧桐科的梧桐樹,從許多古詩詞中就可以略見一二,如李清照的〈聲聲慢〉:「……梧桐更兼細雨,到黃昏,點點滴滴……」或是李煜的〈相見歡〉:「無言獨上西樓,月如鉤。寂寞梧桐深院鎖清秋……」

法國梧桐的英文名是 Plane tree 或 London Planetree,在美國叫 Sycamore,因果實如鈴球懸掛,所以在中國又稱「懸鈴木」。以分類學而言,它屬於懸鈴木科、懸鈴木屬的植物;懸鈴木科也譯為法國梧桐科,該科只有一屬,約含六至八種,成員都是喬木,主要生長在北半球溫帶。

現今在歐洲最最常見的懸鈴木就是中文俗稱的法國梧桐,但這品種的來源卻是英國王室的園丁所培育的新品種。十七世紀時,園丁們將自北美引進英國的**西方懸鈴木**(一球懸鈴木,分布於北美地區)和**東方懸鈴木**(三球懸鈴木)雜交改良,而後育出新品種懸鈴木(二球懸鈴木),所以也有人稱它為「英國梧桐」。培育後的雜交種再引進法國,廣受大眾喜愛,如今廣植於歐洲各地。

↑ 法國梧桐樹皮經常剝落,露出光滑的樹幹,別有一番美感。

↓ 法國梧桐雌雄同株,果實為聚花果,像不像懸在空中的鈴球?

↑ 七葉樹在春夏綠葉濃密，為落葉性喬木。

↑ 七葉樹的葉為掌狀複葉，對生，小葉倒卵形，長約十至二十五公分。

香榭大道另一明星行道樹：七葉樹

僅次於法國梧桐的歐洲行道樹應該就是七葉樹。走在巴黎香榭大道上，也常會遇上兩排高大的七葉樹。

歐洲七葉樹為七葉樹科，七葉樹屬，這一屬中有許多品種及交配種，泛稱七葉樹，英文名稱為 Horse Chestnut，所以有時也直譯為「馬栗樹」。歐洲的七葉樹原產於北半球溫帶地區，歐洲、美洲及亞洲溫帶地都有分布，台灣很難見到，梅峰農場有引種栽植。

↑ 歐洲七葉樹花季在春天，花謝後慢慢長出小果實。

↑ 歐洲七葉樹果實直徑為二至五公分，類似栗子的堅果，有些果殼上有軟刺。

七葉樹的葉子為掌狀複葉，由五至七片小葉組成，這就是它中文俗名的由來。小葉邊緣有鈍尖的重鋸齒，很容易辨識。果實接近球形，成熟時為褐色，外表有刺；內有一至三粒褐色種子，很像我們食用的栗子，這是它又名馬栗樹的原因。

↑ 這是歐洲栗，它的果實「栗子」是可以吃的喔！馬栗、西洋栗，這兩種歐洲的栗樹大家應該有辦法區分。

七葉樹全株具有**皂素**，以種子中的含量最高。大部分學者會提醒大家，皂素會破壞紅血球對身體造成傷害，然而七葉樹種子在歐洲家庭醫學上的使用已有百年歷史。近幾年馬栗萃取物又被歐洲國家發現可用來減緩靜脈曲張，許多市售藥品也有不少標示含有七葉樹萃取物。不過萃取過程畢竟需要專業技術，我們還是學學植物辨識就好，不要採摘誤食以免引起中毒。

舒伯特筆下的椴樹

菩提樹也有個因為俗名而來的小誤會必須澄清。

許多人首次認識菩提樹是在音樂課本裡〈菩提樹〉這首曲子。這首曲子是奧地利音樂家舒伯特的著名歌曲，那曲中的樹木名為 Linden，正是德國柏林的菩提樹大道所種植的樹木，在百年前被翻譯者當成菩提樹錯譯後，就一直將錯就錯，事實上，歌曲中被誤翻為菩提樹的，其實是椴樹。

椴樹為椴樹科、椴樹屬的成員，只分布在北半球的歐洲、亞洲和北美東部，在台灣少見，梅峰農場有引進栽植，但在歐洲國家是很普遍的行道樹。

樹身可達二十公尺高，葉片為心型，每逢初夏時節花開滿樹，整樹的緻密黃綠色小花散發出醉人的馨香。旅途中，每經過椴樹身旁，總是讓我不由自主地停下腳步，深深地吸氣，緩緩地呼出，慢慢享受嗅覺快意，不捨匆促離去。某次在瑞士旅行中，喝了民宿主人採的椴樹花果沖泡的茶飲，才了解一般的菩提花草茶，其實喝的就是歐洲的椴樹花果。

↑ 椴樹生長快、遮蔭度高、樹冠寬廣，花香濃郁，深受眾人喜愛。這一棵正逢花期，滿樹的芳香小花。

↑ 椴樹開花時吸引許多蜜蜂來採蜜，是重要的蜜源植物。

↑ 椴樹葉子呈心形，前面長形白色的部分是苞片，花及果實長在苞片下面。

↑ 椴樹的花謝之後，慢慢結成果實。

↑ 椴樹的果期約在八月，果實成熟掛在葉狀苞片之下。

真正的菩提樹

真正的菩提樹在台灣較為普遍，因此大家比較熟悉。一九〇一年，日本政府從印度引進，當時多種植於寺廟庭院，因為菩提樹之名，就是為了紀念釋迦牟尼佛在此樹下成佛。

菩提樹為桑科、榕屬的成員，最特別的是它的葉片，三角狀卵形的葉片末端呈細長尾狀。花和常見的榕樹一樣為隱頭花序，所以俗稱「菩提子」的佛珠，並非是菩提樹的果實或種子。

↑ 這是桑科榕屬的菩提樹，和椴樹很容易區別。

罌粟家族的虞美人

最後我們介紹一種在歐洲很常見的庭園草本花卉，虞美人。初聞虞美人，許多人最先想到的可能是國文課本中的一個詞牌名，或是莫內一幅名叫「虞美人花」的畫作，這幅畫如今收藏在巴黎奧賽美術館中，有機會到巴黎觀光的話，別忘了造訪美術館喔！

虞美人為罌粟科、罌粟屬植物，花期以夏季為主，花色有紅、白、黃等顏

色，原產於歐亞大陸溫帶地區，在中國古代早有大量栽培，也因此不難理解此植物會與虞姬有些歷史連結。

　　罌粟科罌粟屬的成員約二十種，雖然籠統通稱「罌粟」，但此屬中有一種是歷史課本一定提過的「鴉片罌粟」，為製取鴉片的主要原料，也是多種鎮靜劑成分的來源。鴉片罌粟的種子因為含有豐富的礦物質，故被廣泛用作調味料；富含油脂，也可製成罌粟籽油，大家最熟悉的是用於麵包、餅乾的烘焙中。鴉片罌粟花與虞美人一樣絢爛美麗，然而在許多國家都因為鴉片成分而無法種植為觀賞植物。

↑ 虞美人花單生於頂端；花梗長十至十五公分，綻放時花冠直徑可達五公分以上。

↑ 虞美人花蕾期向下彎曲，被滿了粗毛。

↑ 花謝後會結果實，果實內有許多種子。

↑罌粟屬植物，花瓣有粉白、淡紅、橙紅等各種顏色，花瓣四枚，雄蕊多數，柱頭上為五至十八個輻射狀裂痕。

①下列何者並非是世界常見的主要行道樹？

　　（A）楓香。（B）法國梧桐。（C）七葉樹。（D）椴樹。

②關於法國梧桐的敘述，下列何者正確？

　　（A）原產於法國。（B）為梧桐科大型喬木。（C）為英國皇室園丁培育
改良的雜交品種。（D）也廣植於台灣各地。

③舒伯特的著名歌曲〈菩提樹〉所指的樹木為何？

　　（A）即迦牟尼佛成佛時的那一棵大樹。（B）即椴樹科的椴樹。（C）即
桑科榕屬的菩提樹。（D）即種子可以做成佛珠的菩提樹。

④關於「虞美人」的敘述，下列何者正確？

　　（A）為罌粟科罌粟屬的成員。（B）是可以製取鴉片的植物。（C）它的
種子多用於麵包、餅乾的烘焙。（D）這植物原產於中國，自古就是西楚
霸王項羽的美人虞姬最愛的花木。

解答

①（A）楓香。

　　說明：這一題算是送分題了，小高手們應該可以輕鬆闖關成功喔！

②（C）為英國皇室園丁培育改良的雜交品種。

　　說明：（A）原產地並非法國。（B）梧桐並非梧桐科。（D）台灣較少
見。

③（B）為椴樹科的椴樹。

　　說明：舒伯特歌曲中其實指的是「椴樹」，除了（B）為正確答案之外，
其餘三個選項指的都是真正的菩提樹喔！

④（A）為罌粟科罌粟屬的成員。

　　說明：（B）、（C）指的都是鴉片罌粟。（D）虞美人並非原產於中國。
生物小高手們，你答對以上題目了嗎？

第 4 課

↑ 梅菲爾德（Maienfeld）是動畫主角小蓮的故鄉。

阿爾卑斯山上真的有牧羊少女？瑞士山間生態觀光

↑ 聖伯納犬原產於瑞士兩千五百公尺高的阿爾卑斯山上，個性溫馴，但可訓練為救難犬。

提到阿爾卑斯山，許多人的印象來自於日本動畫《阿爾卑斯山的少女》，這部作品改編自瑞士女作家 Johnna Spyri 在一八八〇年的作品《海蒂》。動畫中的主角小蓮和爺爺住在瑞士阿爾卑斯山區，畜養許多牛羊，還有聖伯納犬陪伴。這些畫面成為許多人的理想生活藍圖，我則是一次又一次親自走入這幅圖畫之中。

歐洲的阿爾卑斯山指的不是「一座山」，而是一系列高大雄偉的「山脈」。它西起於法國東南部，經整個瑞士、列支敦斯登、德國南部、奧地利中西部、義大利北部，直到斯洛維尼亞。綿延一千兩百公里長，跨越了七個國家，其中最精華的部分幾乎都在瑞士境內。

即使只是跟團，瑞士的旅行團也可以在遊走過程中認識許多有名的植物。較大眾化的有柏恩高第少女峰山區行程，其次是冰河列車之旅進瓦萊州遊覽策

↑ 德國南部阿爾卑斯山一景，因著便利的交通工具，登上最高的楚格峰很容易。

↑ 義大利北部的阿爾卑斯山脈。此為多羅邁山區的三煙囪山。

↑ 奧地利西部的阿爾卑斯風景。

↑ 在法國南針峰上遠眺群山環繞。

↑ 阿爾卑斯山共有百座以上海拔超過四千公尺的
山峰，其中以白朗峰海拔四千八百零七公尺最高，
位於法國和義大利的交界處。

馬特、賞馬特洪峰，還有恩加丁谷地聖莫里茲行程。無論是哪些景點，初次見到
冰雪滿覆的群峰、線條柔美的冰川、潔淨的河流，與群山環抱中的放牧風光，一
定都會留下深刻印象。

最為知名的「小白花」

此區最負盛名的植物應該算是小白花了。旅館、餐廳的花台上，或是超市、
花藝店，都很容易與它邂逅。如果想在山上尋找野生植株，可參考當地的宣傳摺

↑ 小白花和我們在前文介紹過的玉山薄雪草，
看起來好像有點像？你是否還記得前文介紹過，
「一朵」玉山薄雪草其實是許多頭狀花序的集合？

↑ 這就是小白花最喜愛的生活環境。

頁說明。大家對於歌曲〈小白花〉（Edelweiss）都不陌生，然而我直至阿爾卑斯山區健行，見到真面目後，才明白它雖然色彩淡薄、嬌小低調，但鍾情於海拔三千公尺高的崖壁，小小花朵流露出的那股超然與韌性，正是令我最為嚮往，而滿懷敬意的境界。

阿爾卑斯山的龍膽家族

如果你還記得前文提過的台灣高山植物龍膽科成員，應該也能想像，阿爾卑斯山區的海拔更適合龍膽屬家族。

阿爾卑斯山區常見的有小號**龍膽**，高約五至十公分，花為喇叭狀，形狀似「小號」這類銅管樂器，花冠深藍色五裂，顏色醒目，阿爾卑斯山區海拔一千兩

↑ 小號龍膽，在瑞士境內，它可是保育類，但花店超市都有販賣。

↑ 龍膽科，假龍膽屬的成員。

↑ 春花龍膽，花冠為豔藍色，花朵較小號龍膽小了許多。

百至三千公尺的草地分布很多。如果正逢初夏花期，很容易觀賞到龍膽花開，這一點完全不同於小白花。另一種龍膽是**春花龍膽**，雖然也很容易遇見，但在部分歐洲國家也屬於瀕臨滅絕的物種。

美麗的石竹科家族

石竹科在阿爾卑斯山區也是常見家族，蠅子草屬的**白玉草**造型最吸引人。它有一個紋路細緻的筒狀萼片，小小的五淺裂，光滑無毛，內層花冠五深裂，每裂片又呈兩深裂。

同為石竹科的**苔蘚剪秋羅**也極具特色，屬於苔原植物，抗寒冷、耐低溫、生長期很短。雖然生活環境艱困，然而，這些勇敢的植物卻以熱情的色彩為簡單的風景添加溫暖的美麗。

長生草的瑞士風情

對多肉植物有興趣的讀者，對於景天科**長生草屬**一定不陌生。歐洲山區正是它的原生地之一，它是典型的高山植物，肉質厚葉、低矮、叢生、耐寒。多肉植物迷愛的是它呈蓮座狀排列的肉質葉片。在歐洲山區屋頂上、道路岩隙裡、庭園石縫中都有它的身影，看起來就像許多顆迷你高麗菜擠在一起。若逢花期，看似矮小的植株會抽出又長又胖的花梗，常呈現數朵花逐次開放的美景。花多為粉紅色系，深淺不一，花瓣呈輻射狀星形，搭配黃色或橙色的花藥，整朵花顯得非常精緻好看。

↑ 白玉草，廣泛分布於阿爾卑斯山區，步道兩旁、灌叢草地、荒地等都可看見，尚未有人工栽培種。

↓ 苔蘚剪秋羅，植株幾乎無莖貼地蔓生像蘚苔狀，而開花時就像綠毯上繡著粉紅色的花朵。

↑ 長生草的葉端常為紫色，群聚植株就是
一幅花園小品。

↑ 長生草開花在歐洲山區極為常見。

台灣少見的放牧美景

　　若想尋找動物的蹤跡，保證一定看得到的就是山坡上成群的牛羊。雖然是人為放牧，但是品系繁多。多樣的牛羊在青青草坡上自由啃食，背景則是傳統木屋與披雪的遠山，這樣的畫面就是瑞士風景的基本樣式。

↑ 山區放牧的綿羊，每一隻感覺都在微笑著，幸福地嚼著青草。

↑ 山頂上的一隻黑白羊，和旅人一樣享受著大自然美景。

↑ 這是最尋常的風景畫了，旅人可以什麼事都不做，靜靜觀賞幸福的乳牛。

土撥鼠、羚羊、鹿──瑞士的野生動物

夏天最容易看到的是土撥鼠。牠們生活在洞穴中，冬天會冬眠。牠們會使用哨音溝通，因此常可以聽到滿山嘹亮的土撥鼠聲音。土撥鼠和松鼠一樣為素食動物，吃蔬菜、多種類的草、地衣、苔蘚，植物的根、花、漿果都是牠們的食物。

瑞士山區健行步道多樣、路標指示清楚、摺頁說明詳細，加上多款覽車協助，天天都可以進入不同山區健行。除了土撥鼠之外，山區的大型野生哺乳類也不少，還有機會觀賞到大角羊、羚羊、紅鹿。只要詳讀資訊，再按圖索驥，耐心等待，若再加上一點好運氣，自然能觀察到平時少見的動物。

阿爾卑斯山上有一種山羊屬的**野生山羊**，中文俗名羱羊。雄雌兩性都有一對大型向後彎曲的角，雄羊的角更可長達一公尺，所以也稱大角羊。牠們習慣在阿爾卑斯山積雪的岩石上活動，在高陡斜坡的粗糙岩區行走自如。雌雄羊的差別除了角的長度之外，體型大小也是辨識特徵之一，雄羊可以長至一百公斤重，雌羊體型明顯小了許多。

阿爾卑斯山上還有一種常見野生

↑ 土撥鼠一生中有百分之八十的時間在地下度過，包括牠們長達半年的冬眠期，但別誤會牠怕光，牠可是日行性動物喔！

↑ 瀕羊在夏天毛色為褐灰色，冬天時，會轉為深褐色

↑ 可以近距離互動，但要遵守各地旅遊局的規定事項，大多數動物是嚴禁餵食的。

↑ 羚羊有著魚鉤狀造型的彎角。

羊**羚羊**。成熟的羚羊可達到七十至八十公分高，重量約達三十至五十公斤，雄性體形略大。雌雄羚羊都有一對角，角的造型很特別，在末段成為魚鉤狀向後彎曲。在夏天毛皮棕色，冬天變成淺灰色。頭上有明顯的黑色條紋經過眼睛下方。

鹿科中的**紅鹿**，又名歐洲馬鹿。體長一·五至兩公尺，肩高一·二至一·五公尺，體重一百至三百公斤，明顯比羊大了一號。雄鹿的體型大於雌鹿，但僅雄鹿有角，角有分叉。紅鹿棲息於高山森林，擅長奔跑，聽覺及嗅覺發達，常三五成群在晨昏活動，白天多靠著岩壁或在天然山洞中休息。

想觀察到這些野生動物，除了運氣之外，也要了解牠們的生活習性與活動時間。歐洲和我們一樣也有鄉間人口外流問題，放牧人口與牛羊逐漸減少，而野生動物正在逐漸收復失地。也許，未來到了阿爾卑斯山生態旅遊時，邂逅野生動物會是輕而易舉之事。

↑ 紅鹿毛色為灰色、棕色或紅色。雄性紅鹿有一對漂亮的角。

↑ 洞穴中休息的小鹿與鹿媽媽。

①下列何者與玉山薄雪草有最近的親緣關係？

（A）白玉草。（B）長生草。（C）小白花。（D）小號龍膽。

②關於龍膽科成員的敘述，下列何者正確？

（A）全數為草本植物。（B）只有歐洲溫帶地區才有。（C）果實具甜味，是好吃的水果之一。（D）花朵多為白色，極少數為藍紫色。

③關於歐洲土撥鼠的敘述，下列何者正確？

（A）他們為哺乳類屬於內溫動物，不會冬眠。（B）牠們不喜歡光，常在地底下活動，為夜行性動物。（C）牠們和老鼠一樣為齧齒類、雜食性。（D）和松鼠一樣為素食，多在草地上覓食。

④對於阿爾卑斯山區大角羊與紅鹿的敘述，下列何者正確？

（A）大角羊只有雄羊有角，雌羊沒有。（B）紅鹿只有成熟雄鹿有角，雌鹿沒有。（C）大角羊雄羊與雌羊都有角，大小、形狀沒有差別。（D）成熟紅鹿的雌雄個體頭上都有角。

解答

①（C）小白花。

說明：仔細看，小白花和玉山薄雪草，像不像兩位長得很像的表兄弟呢？

②（A）全數為草本植物。

說明：小高手們要不要往前翻，複習一下龍膽家族的資料？

③（D）和松鼠一樣為素食，多在草地上覓食。

說明：（A）土撥鼠會冬眠。（B）土撥鼠是日行性動物。（C）土撥鼠和松鼠一樣為素食動物，不吃葷的喔！

④（B）紅鹿只有成熟雄鹿有角，雌鹿沒有。

說明：（A）大角羊雌雄都有角。（C）大角羊雌雄的角長度有別。（D）成熟紅鹿僅雄鹿有角。生物小高手們，你都答對了嗎？

第6關

全台重量級生態景點——
國家公園尋寶╳森林遊樂園踩點

闖關前的學習寶典 VI

學習引導╳學習關鍵字╳生物祕笈大公開

學習引導

生物課下冊第四章、第五章、第六章

學習關鍵字

生物多樣性

生物祕笈大公開

是什麼因素阻礙了我們走入大自然學習？

接下來挑戰的是台灣幾個知名的生態景點。

提到要走入自然中玩樂並學習，對很多人來說第一個阻礙就是「恐懼」，許多人因為怕蛇、怕蟲，不知不覺離大自然越來越遠。

第二個阻礙就是「生物知識的欠缺」，雖然義務教育中都有自然課、生物課，但往往落得「教師教得乏味，孩子學得無感」的壞評價，真正的原因並非出在教科書的品質、教師的能力，或孩子單方面欠缺學習動力，最重要的因素是**「生活」、「大自然」、「生物課本」三者之間失去了連結**。斷了連結之後的教育內容被切割成答題的技巧與空格內的重點名詞，導致孩子不再磨練自己的觀察力，不再仰賴自己的好奇心，也不再運用自己的理解力，僅憑記憶力來應付考試，結果當然會失去興趣。

我們改從另一個角度來觀察現代社會。

這時代有許多孩子呈現出注意力不集中、創造力不足、不懂得與人分享、過胖，或有憂鬱、躁鬱傾向。孩子們往往寧可待在家上網，也不肯到戶外走走，即使去了戶外，還是戴著耳機、滑著手機。在《失去山林的孩子》一書的作者理查・洛夫的筆下，這些孩子可能患了「大自然缺失症」（nature-deficit disorder）。這並不是一個醫學診斷上的專有名詞，但它提供了一個省思的角度，幫助我們覺察自然與人的關係，及可能對孩子成長造成的影響。

吸引孩子親近大自然並不需要太多條件，只要教師或父母多加引導，以遊戲的心情，就可以輕鬆讓孩子愛上大自然了。一旦對大自然有了興趣，就會開始產生學習生物知識的動力，接著就可以嘗試更上層樓的遊戲「上山尋寶」。父母師長不必愁假日如何安排，因為上山的尋寶遊戲比「寶可夢」更真實、更具體、挑戰性高，還能融入自然、體會生態之美。

生物多樣性啟發孩子的各方面成長

在大自然裡，我們期望藉著「生物多樣性」的吸引力，培養孩子的觀察力、專注力與表達力。

換句話說，看到一個物種不要只是匆匆一瞥，而是能夠將吸引你的部分觀察時間持久一點。例如觀察山櫻花，不要只瀏覽到一樹的緋紅花色，然後拍照走人。我們可以拾起一朵落花，觀察花瓣的顏色、生長及排列方式，仔細瞧瞧花蕊的數目、色彩。

初學者可以先根據本書文章的說明，跟著觀察，最後再讓孩子慢慢提升專注力，培養以文字或繪圖呈現的表達力。這些訓練是要花時間的，在學校，為了趕課程進度，老師們多半感慨心有餘而力不足，如果親子願意在假日花時間到山上，就能落實學校老師無暇教授的戶外課程。

知名自然景觀踩點！玩樂中怎麼學習？

怎麼玩？怎麼學？相信這是師長、父母、孩子都最關心的問題。首先，本章節會介紹台灣北中南東各一個國家公園或森林遊樂園，這幾個景點的基本物種較穩定，相關資料找尋容易，安全性高，很適合親子同遊。

再者是「玩樂中學習」的建議方式。雖然走訪自然的記錄方式因人而異，但不管你用哪一種形式記錄，以下有幾個基本建議：

1. **把你看見的景象或物種描述得越詳細越好**。例如，你看見的顏色、聽到的聲音、聞到的味道，或只是心情上的感受。記錄得越詳細，就越能深入生物領域，也越能提升你的觀察力。

2. **思考該物種與大自然的關係**。你可以觀察該物種與季節變化的關係，與

其他物種的關係，與光線或天氣變化等因素的關聯。這樣的思考除了必須運用精密的觀察力，還能刺激你的邏輯思考能力。

3. **試著提出問題**。有時候問問題比找答案重要，問一個好問題遠比找到解答更難。有些問題可以和同遊的家人、老師、同學或朋友討論，有些可以上網查資料、找答案。能夠問問題、循線推理、沿著線索找答案，表示你開始統合了你的觀察力和邏輯思考能力，正提升著你的創造力。

無論是觀察、思考、推理、討論，所有追尋的過程都是最可貴的學習，唯有大自然這個學習寶庫能讓你如此無窮無盡地挖掘。

根據美國康乃爾大學環境心理學教授威爾斯（Nancy Wells）的研究顯示：生活在自然景觀豐富地方的兒童，比起居住在自然景觀稀少地方的兒童，罹患由壓力而引發的精神疾病的人數要少。也就是說，若孩子與大自然有更多接觸，壓力程度就越小，注意力集中時間更長。讓自然觀察成為生活習慣、成為家庭休閒的重心，那麼樂趣無處不在，學習也無處不在。

↑ 黃紋三錐象鼻蟲。

上陽明山邊玩邊學生物！北台灣生態尋寶

↑ 昆欄。

全台生態旅遊先從北部開始闖關吧！從陽明山國家公園開始，教你怎麼邊玩邊學生物。陽明山國家公園成立於一九八五年，位於台北盆地北處，包含了大屯山系、七星山系、擎天崗系、磺嘴山、向天山、面天山、紗帽山、小觀音山等，公園內的山區範圍相當廣大。它是台灣最近都會區的一座國家公園，很適合北部家庭的一日遊！

陽明山國家公園海拔高度兩百至一千一百二十公尺，氣候屬於亞熱帶與暖溫帶，加上明顯的東北季風，四季呈現出風景迥異的生態風光。

山區規畫約有十八條路徑，分別是介於一‧五至六‧六公里不等長的步道，實地尋寶前，建議先考量自己的體能，從適合自己的步道開始，以免一開始就覺得體力負荷不了，而難以長久持續。先做點功課，鎖定二至三種想尋找的生物，如果找到了會很有成就感喔！

怎麼尋寶？先從陽明山開始

大家應該都很想知道怎麼尋寶吧！

1. 仔細觀察。 找到目標寶物之後，仔細觀察、核對物種特徵。

2. 確實記錄。 觀察的同時也練習記錄，如此有助於在接觸更多的物種之後將之分門別類，有效地學習，而不是只記得一個生物俗名。入門者可以先使用簡單表格紀錄，習慣養成之後，再慢慢以自己喜歡的方式來整理。

3. 分門別類、有效學習。 累積久了之後，你就能逐漸擴充自己的生態寶庫，根據觀察到的細節將自己看過的生物分門別類。

以下先以兩條步道，各三種生物，用表格為示範例子。

老師示範 1：七星山步道尋寶紀錄

尋寶地點： 七星山步道

目標寶物： 毛氈苔、栗蕨、黃口攀蜥、大冠鷲

※ 本書最後的「附錄」有空白表格可以影印使用。

季節	我所看見的物種	物種的分類及特徵描述	分布地或物種的環境描述	照片（或筆繪）	其他筆記
春季三月	栗蕨	1. 碗蕨科栗蕨屬。 2. 成熟的葉柄呈紅褐色，「栗蕨」之名由此而來。 3. 羽片及小羽片對生，無柄。葉軸兩側四個小羽片呈蝶形。	森林邊緣、步道兩旁及向陽開闊地。		1. 綠化、觀賞用，植株有毒，不可食用。 2. 網狀葉脈透著光好漂亮！孢子囊群沿葉緣著生。

季節	我所看見的物種	物種的分類及特徵描述	分布地或物種的環境描述	照片（或筆繪）	其他筆記
春季三月	小毛氈苔	1. 茅膏菜科、茅膏菜屬。 2. 葉緣及葉面都密生腺毛，細毛會分泌黏液捕捉小蟲，並以消化液將之分解獲得氮元素。	喜歡生長在潮溼山壁上。常與苔蘚類、蕨類混生。		1. 台灣原生種的食蟲植物。 2. 這裡是國家公園，不可以採集。
	黃口攀蜥	1. 飛蜥科、攀蜥屬。 2. 體色變異大，以黃褐色為主，也有偏綠的個體。 3. 口腔內為明顯黃色。 4. 具有雌雄二型性。	公園、校園、森林裡的樹上，很容易看見。		1. 台灣特有亞種。 2. 台灣最小的攀蜥。
	大冠鷲	1. 鷲鷹科、蛇鵰屬。 2. 臉黃色，頭上有冠羽，飛行時翼下有一條明顯白帶斑，尾羽白色橫斑清楚完整。	多棲息在林相完整的低海拔闊葉林中。		1. 為二級保育類。 2. 飛行時常發出「忽—忽—」的聲音。也常停棲於樹枝上守候。

除了以上幾種「目標寶物」之外，七星山步道上還有許多常見的生物，例如包籜矢竹、山菊、倒地蜈蚣、野牡丹等，大家可以隨自己喜好，選擇想要找尋的目標寶物。

老師示範 2：面天山步道尋寶紀錄

尋寶地點：面天山步道

目標寶物：昆欄、申拔、雙扇蕨、黃紋三錐象鼻蟲、竹雞

季節	我所看見的物種	物種的分類及特徵描述	分布地方或物種的環境描述	照片（或筆繪）	其他筆記
春季四月	昆欄	1. 昆欄樹科、昆欄樹屬。 2. 葉片表面有光滑，背面淡綠色。 3. 花兩性，雄蕊多數，無花被。盛花期在五月。	低至中海拔闊葉林中，尤其喜歡雲霧帶環境。		1. 又名雲葉樹，是最古老之樹種之一，為台灣原生唯一無導管的闊葉樹。 2. 昆欄樹科只有一屬一種，就是昆欄樹。

季節	我所看見的物種	物種的分類及特徵描述	分布地方或物種的環境描述	照片（或筆繪）	其他筆記
春季四月	申跋	1. 天南星科、天南星屬。 2. 葉兩片，小葉三枚，無柄，兩側小葉歪斜，尾端漸細長。	北部低海拔地區。	 ↑申跋和佛焰苞。	1. 申跋是「由跋」的誤用），現在幾乎已經都通用了。或稱油跋。 2. 佛焰苞大，外被白色條紋，先端捲曲。
	雙扇蕨	1. 雙扇蕨科、雙扇蕨屬。 2. 單葉，葉柄很長，葉片大，二裂成相等的扇形，每扇又具多次深裂，形如破傘。	台灣產於南北兩端，台灣北部低海拔地區零星分布。		1. 雙扇蕨的幼葉布滿金黃色的毛，非常可愛。 2. 它是很原始的植物，從侏儸紀時代就已經存在。
	黃紋三錐象鼻蟲	1. 鞘翅目、三錐象鼻蟲科。 2. 頭、胸部及腳為棗紅色。兩觸角與口吻呈三叉狀。 3. 翅鞘具刻點並散生黃色斑，刻點呈縱向條紋。	生活在中低海拔區域，具有趨光性。		1. 屬完全變態。 2. 成蟲以木屑、真菌、樹液為食，幼蟲鑽入樹幹中生活。 3. 雌雄口吻不同，雄蟲較短，雌蟲細長管狀。

老師示範 3：單一物種紀錄

　　如果覺得表格過於擁擠，可以針對單一物種較詳細的描述。以下再舉第二種表格為例子說明。

範例 A：七葉一枝花

物種名稱	七葉一枝花
物種分類及特徵描述	1. 百合科、七葉一枝花屬。 2. 高三十至一百公分，莖單一、直立，光滑無毛。根莖肥厚。 3. 葉五至十片輪生於莖頂，多為七片，這是俗名的由來。 4. 花梗自莖頂端抽出，一株只開一朵，像縮小板葉片的部分是萼片，約四至六片；真正的花瓣為細線形，常隱藏在花萼底下，黃色或黃綠色。
分布地或物種的環境描述	生於中低海拔山區，森林底層陰涼處陰溼處。
照片	 ↑七葉一枝花的植株開出一朵花。　↑七葉一枝花的一朵花。　↑找找看！千元紙鈔上的七葉一枝花。
其他筆記	這一種植物就在你常用的千元大鈔上，如果在陽明山上沒找到的話，看看在鈔票上是否能找到？

範例 B：葳蕤（ㄨㄟˊ ㄨㄟˊ）

物種名稱	葳蕤（別名玉竹、萎蕤）
物種分類及特徵描述	1. 百合科、黃精屬。 2. 莖單一，無分枝，花生葉腋之下，排列整齊，像垂掛著的鈴鐺隨風搖曳。
分布地方或物種的環境描述	1. 中低海拔森林邊緣或潮溼的坡地。 2. 葳蕤在陽明山族群還不少，春季開花，海拔七百公尺以上較易看見。
照片	

其他筆記	1. 葳蕤長得特殊，名字也奇怪。蕤（ㄖㄨㄟˊ）教育部字典解釋為「繁花盛開下垂的樣子」。說文解字：「蕤，艸木花垂貌。」
	2. 葳蕤在開花結果後，地上部分的莖葉會漸漸枯萎，只留下地下莖過冬，深秋或入冬之後，是找不到它的蹤影的。
	3. 花朵的形狀與顏色都很特別。

範例C：野鴉椿

物種名稱	野鴉椿
物種分類及特徵描述	1. 省沽油科、野鴉椿屬。
	2. 奇數羽狀複葉，對生；小葉對生，五或七枚，細鋸齒緣，表面光滑無毛具油亮感。
	3. 花很小，直徑約〇‧三至〇‧四公分，雄蕊五枚，花藥黃色。
	4. 果實呈鮮紫紅色。果實成熟後會裂開，內果皮鮮紅豔麗，並露出晶亮光澤的黑色種子。黑色部份是假種皮，內有土黃色種子。
分布地或物種的環境描述	在台灣僅見於台北附近，特別是陽明山國家公園地區之中低海拔闊葉林中。
照片	↑ 野鴉椿的花朵很小。　↑ 果實呈鮮紫紅色。　↑ 果實成熟後會裂開，紅色內果皮中露出黑色種子。黑色部份是假種皮，內有土黃色種子。
其他筆記	1. 台語叫做「鳥仔腱」，所謂「腱」指的是鳥類的砂囊。
	2. 野鴉椿的開花期在春季，果期約在夏末到初秋。
	3. 果實形狀像不像野鴉停棲在樹梢？

二子坪步道是不錯的起步選擇

　　如果你不曾走過園區的步道，也可以從二子坪步道開始，它是園區中最熱門、最好走、最舒適的五星級步道。缺點就是人多擁擠，如果在這裡尋寶，應該很容易大有斬獲。步道上常見的有**雙扇蕨**、台灣杪欏、捲柏、水鴨腳秋海棠、**野鴉椿**、蘭崁馬藍、牛奶榕、台灣山菊、**繡眼畫眉**、台灣藍鵲等。找一個風和日麗的休閒日，上路囉！

① 千元大鈔上有下列哪一種植物？

（A）梅花。（B）櫻花。（C）七葉一枝花。（D）松樹。

② 關於葳蕤的敘述，下列何者正確？

（A）花期在春天，為黃色。（B）莖單一，無分枝。（C）莖多分枝。
（D）葉脈網狀。

③ 關於食蟲植物的敘述，下列何者正確？

（A）食蟲植物都會行捕蟲運動。（B）食蟲植物不必行光合作用，吃蟲就
會飽了。（C）小毛氈苔是一種食蟲植物。（D）台灣沒有原生種食蟲植
物。

④ 下列何種生物，無法在陽明山國家公園中找到？

（A）水韭。（B）水筆仔。（C）野鴉椿。（D）台灣藍鵲。

解答

① （C）七葉一枝花。

說明：鈔票上也可以尋寶喔！梅、蘭、竹、菊、松分別在不同面值的鈔票
上。翻開鈔票的背面，一百元右上角是梅花，兩百元右上角是蝴蝶蘭，
五百元右上角是竹子，一千元右上角是菊花，兩千元右上角是松。

② （B）莖單一，無分枝。

說明：（A）花為白綠色。（C）莖無分枝。（D）葉平行脈。

③ （C）小毛氈苔是一種食蟲植物。

說明：（A）食蟲植物不一定行捕蟲運動，例如豬籠草是最典型的食蟲植
物，但它用以消化昆蟲的籠子，其上的蓋子在昆蟲掉落後是不會運動蓋上
的，蓋子主要的功能在防止大雨時雨水稀釋消化液。（B）食蟲植物需要
行光合作用以合成碳水化合物。（D）台灣有原生種食蟲植物喔！小毛氈
苔就是了！

④ （B）水筆仔。

說明：水筆仔屬於河口生態系的成員，山上沒有。其他三種寶物都能在陽
明山國家公園挖到喔！

↑ 華山松的毬果呈錐狀圓筒形，長度約十至十五公分，是台灣最大型的毬果。這是園區內很容易找到的寶物喔！

可以賞鳥看神木的大雪山！中台灣生態尋寶

中部的生態闖關何處去？最推薦的是大雪山森林遊樂區，此處位於台中市和平區，海拔兩千至兩千九百公尺之間，氣象學上屬「雲霧盛行帶」，早年為台灣中部重要林場，森林資源豐富，有原始林、神木之外，也是觀賞雲海、夕陽的好景點……

與神木邂逅

↑ 進入園區尋寶，雪山神木步道中的神木（樹種為紅檜）是最容易找到的寶物了。

園區內最吸引人的是森林浴步道，尤其是夏季，山下酷暑難耐時的大雪山遊樂區的氣溫常低於攝氏十八度，涼爽宜人，是知名的避暑勝地，適合闔家出遊，按照園內宣傳摺頁的步道路線介紹，自行規畫尋寶行程，邊玩邊學。

園區中以**天池步道**、**觀景台步道**距離最短，不到一小時便可以走完。其次是雪山神木步道與小神木步道，往返約二‧五至三公里。

雪山神木步道上的神木樹種為紅檜，高聳挺拔

枝葉蒼翠，胸圍十三公尺，樹高四十九公尺，樹齡約一千四百年。接著，由神木往天池的途中，華山松林景色也相當優美。華山松原產於台灣，分布在中部以北海拔約兩千至三千兩百公尺山區，在大雪山森林遊樂區裡很容易觀賞到。

很多松科植物的種子是藉由風力散播，所以毬果鱗片間的種子都長有如翅膀的薄片。然而華山松的種子並沒有薄翅的構造，而是靠著大粒的種子吸引星鴉、台灣獼猴等動物前來採食，並藉由這些動物的攜帶或掉落以傳播種子。像星鴉與台灣華山松這種關係，可稱為「共生」。這類沒有翅膀的松樹種子，就是用於烘焙的「松子」，但台灣並沒有生產大到可以食用的松子，平時吃到的松子都是進口的喔！

大雪山賞鳥貴客名單

找到華山松之後，當然要順便找一下**星鴉**囉！在台灣中高海拔山區，星鴉算是普遍的留鳥，當冬季來臨時會降至海拔一千公尺地區活動，待氣溫回暖，再回到高山地區。

大雪山森林遊樂區海拔雖然不低，卻非常適合賞鳥。除了星鴉之外，不時現身的**金翼白眉**也不會讓你失望，牠是台灣畫眉科中海拔分布最高的特有種。眼睛上下方各有一道白色眉斑及顎線，全身羽毛大致為橄欖褐色，體型大，是很好辨識的物種。

如果你住宿在園區內，那就不要錯過離住宿區很近的**小神木步道**，去探望一下千年神木。

↑ 星鴉和藍鵲同為鴉科。喜歡停棲在高大的針葉樹頂端，鳴叫聲是「嘎──嘎──嘎──」的粗啞嗓音，像是提醒大家：尋寶囉！

↑ 金翼白眉，喜歡到地面來找食物又不怕人，所以很容易觀察到。

路程漫漫的稍來小雪山步道

↑ 尋寶路線中小神木步道的神木也很容易找到，樹種同樣為紅檜，樹齡約一千年。

園區中最吸引我的是「鳶嘴、稍來、小雪山國家步道」的後段「稍來小雪山步道」，自 200 林道 35K 收費站附近進入步道，於林道 50K 處結束，單程全長約十．五公里，海拔高度約為兩千兩百至兩千六百公尺之間，不含觀察，光是步行約需五至六小時。

假如時間不夠也可從遊客中心（林道 43.2K）處開始，經全長三公里的木馬步道，稍稍體會一下林業興盛的砍伐時代，工人們運送木材下山的艱苦。木馬步道走到底可以接上稍來小雪山步道 5K 處繼續行走，8K 附近可接鞍馬山支線下至林道 43.2K，這樣一來，剛好完

↑ 稍來小雪山國家步道。

↑ 木馬步道，是前人運送砍伐木材的道路。運材軌道的兩旁為原始林，是享受芬多精的好景點。

↑ 這是新芽還是蟲癭？要看仔細喔！

↑ 咖啡色的部分是洞口已經打開的蟲癭。

↑ 雲杉在春天會抽出新芽，有的新芽會越來越大，最後長成神似雲杉毬果的蟲癭，在初夏還是像芽一樣為綠色的。

↑ 鐵杉針葉為扁平狀線型，葉背有二條白色的氣孔帶。

↑ 鐵杉的毬果初為紫色，之後會慢慢轉為綠色，成熟時為褐色，長度約一．五至三公分，呈下垂狀。

成一個小小的 O 形路線。

　　稍來小雪山步道途中有許多大型寶物喔！例如**台灣雲杉**、**鐵杉**、**紅檜**等針葉樹。台灣雲杉分類上是松科、雲杉屬，生長於台灣海拔約兩千至三千公尺的山上，為台灣特有種。針狀葉很細、很短，僅長一至一．八公分。最神奇也最容易讓人上當的是，長得像新芽狀或毬果狀的**蟲癭**。根據國立自然科學博物館研究員楊曼妙觀察發現，每年秋天，許多雌性球蚜就會到雲杉的嫩芽基部取食，隔年春天抽出的新芽越長越胖，最後會發育成一個個神似雲杉毬果的蟲癭。蟲癭可讓剛孵化的小蚜蟲進入，宛如「育嬰洞」，之後洞口便會封閉起來，小蚜蟲就住在裡面生活，直到長大後蟲癭洞口才會再度裂開。

　　和台灣雲杉同樣屬於松科的鐵杉，其針葉也是短短的，但為扁平狀線形，在枝條上為螺旋狀排列，針葉也比雲杉寬了很多，因此兩者很容易區分。

　　如果你是夏季造訪，那麼這步道上還有一種不容錯過的小寶物，就是**水晶蘭**。水晶蘭既不是蘭花，也不屬於蕈類，而是雙子葉中的鹿蹄草科植物，全株白色，無葉綠素的腐生草本。莖單一直立無分枝，高七至二十公分。養分取得並非靠光合作用，而是生活於腐植土，依賴腐爛的植物獲得養分。

　　同為寄生植物的**穗花蛇菰**也是這條路上的特殊寶物之一，它不是以晶瑩剔透、潔白無瑕取勝，而是紅得發紫。蛇菰科的成員為一或多年生肉質性草本寄生植物，寄主為木本植株，由於是寄生在根部，所以植株在土裡的部分往往比冒出地面的還要多。

↑ 水晶蘭只有在準備開花時才會冒出頭來。

↑ 水晶蘭。像不像由水晶玻璃雕刻的藝術品？找到它保證讓你深深體會尋寶樂趣。

↑ 穗花蛇菰寄生在樹根，陸續冒出頭來。

↑ 穗花蛇菰雌雄異株，左為雌株，右為雄株。雌株花序為鮮紅色至暗紅色，後漸成紫紅色。

最知名的稍來山步道

園區中最具知名度的是**稍來山步道**，它的登山口就在林道 35K 處收費站旁，由此步道登上海拔兩千三百零七公尺的稍來山三角點，約二·四公里，這裡有一個山頂瞭望台，功用為監視森林火災，遊客可登臨其上，視野極佳，天候晴朗時可遠眺八仙山、鳶嘴山等山峰。登稍來山頂後這條步道還可繼續前行，這一段就是賞紅榨楓最熱門的路線了。如果不擔心回程

↑ 稍來山步道起點地面長滿了海螺菊。海螺菊不屬於菊科喔。

接駁問題，還可以繼續走到鳶嘴山，單程約需四小時左右。鳶嘴山是條刺激過癮的攀岩登山路線，在中台灣名聲很響亮，假日當然擠滿了車潮人潮，如果時間不許可，還是原路返回就好。

如果只是走在 200 林道，僅想避暑散心，兩旁也能找到美麗的寶物喔！**毛地黃**、**台灣百合**、**台灣繡線菊**，這些都是園區中輕易到手的寶物。

↑ 歲末賞紅榨楓的知名路線。這也是容易找尋的寶物，只要季節對了，紅透的楓葉會讓人忘記一路辛勞。

↑ 台灣繡線菊，這可不是菊花，它是薔薇科中繡線菊屬植物。

↑ 毛地黃，台灣最早於一九一一年由日本引進，分布於海拔兩千公尺山區，為有毒植物，也有藥用，亦為觀賞花卉。

↑ 台灣百合。花瓣六枚，雄蕊六枚，柱頭三裂。

你賓果了嗎？尋寶小遊戲

尋寶累了嗎？來玩一個小遊戲吧！我設計一個賓果遊戲的表格，看看大家找到了幾種寶物，最先完成三條直線的人就是贏家！你也可以自行設計類似的表格，重新制定規則，可以只完成一條或兩條直線。不一定要十六格，九格或二十五格都可以喔！

神木 （紅檜）	華山松	毛地黃	台灣百合
小神木 （紅檜）	紅榨楓	台灣繡線菊	金翼白梅
雲杉	星鴉	海螺菊	藍腹鷴
鐵杉	步道 導覽圖	穗花蛇菰	水晶蘭

下課前五分鐘

①下列何種植物具有台灣最大型的毬果？
　　（A）台灣二葉松。（B）台灣五葉松。（C）華山松。（D）台灣扁柏。
②下列何者的關係為共生？
　　（A）蛇菰－大樹。（B）星鴉－華山松。（C）水晶蘭－腐葉。（D）雲杉－球蚜。
③關於「松果」的敘述，下列何者正確？
　　（A）指的是松樹的果實。（B）松果是裸子植物所結的毬果，有雌雄之分。（C）松果是由雌花發育而來，裡面有種子。（D）松果中的種子一定具有薄翅，用以協助傳播種子。
④關於「水晶蘭」的敘述，下列何者正確？
　　（A）是一種腐生蘭花。（B）屬於單子葉植物。（C）僅能依靠無性繁殖。（D）全株不具葉綠體，生活於腐植土，依賴腐爛的植物以獲得養分。

解答

①（C）華山松。
　　說明：仔細讀完這一課，小高手們可以很輕鬆答對喔！
②（B）星鴉－華山松。
　　說明：（A）蛇菰－大樹是「寄生」關係。（C）水晶蘭－腐葉是「寄生」關係。（D）雲杉－球蚜是「寄生」關係。
③（B）松果是裸子植物所結的毬果，有雌雄之分。
　　說明：（A）松樹為裸子植物，種子裸露，沒有果實。（C）松果是由雌毬果發育而來，裡面有種子。毬果不是果實。（D）華山松的種子就沒有薄翅構造喔！
④（D）全株不具葉綠體，生活於腐植土，依賴腐爛的植物以獲得養分。
　　說明：（A）水晶蘭不是蘭花喔！（B）屬於雙子葉植物。（C）是有性繁殖。

↑ 阿里山有名的森林鐵路。

阿里山不是一座山？南台灣生態尋寶

↑ 有寧靜的心，就能感受晚霞、雲海之美。

你知道嗎？平時大家口中的「阿里山」，指的並不是「一座山」，而是「阿里山森林遊樂區」。事實上，台灣地圖上面並沒有一座叫做阿里山的山，地圖上為人熟知的僅是阿里山山脈……

台灣共有五大山脈，阿里山山脈與玉山山脈相鄰，以沙里仙溪、楠梓仙溪為界，東為玉山山脈，西為阿里山山脈。**山脈**，指的是沿一定方向延伸、包含若干山嶺和山谷組成的山體，一般是因為板塊相互擠壓造成地殼隆起而形成的。換句話說，許多座山組成一個山脈，一座山又由許多山峰組成。

阿里山國家森林遊樂區在地理上屬於阿里山山脈的一部分，園區以日出、雲海、晚霞、森林鐵路、巨木最廣為人知，還有阿里山新八景。在陸客蜂擁來台的那幾年吸引了許多遊客。園區中因為景點多，短時間看大風景都不夠了，較少人注意到園區中其也藏

著祕境般的步道。

隱藏在觀光名勝中的生態祕境

　　遊樂區有兩條巨木群棧道，兩段棧道長度加起來只有一公里多，全程平緩好走，木棧道雖短但適合親子遊。步道兩旁巨木林立，是目前台灣神木密度最高的步道，可以在這裡深呼吸，享受難得的芬多精時光，近距離觀賞紅檜，也觀賞阿里山神木遺跡。

　　阿里山神木遺跡是一九九八年放倒的神木，該神木過去就是遊客所稱的阿里山神木，指的是台灣阿里山森林鐵道旁一棵樹齡達到三千餘年的紅檜，是台灣有名的地標之一，可惜於一九九七年部分樹身傾倒，終於在一九九八年正式放倒而走入歷史。二〇〇六年票選出來的新地標為**香林神木**，也就是目前編號為二十八號的巨木。

　　「阿里山香林神木」舊名「光武檜」，光武之名的由來是因為推算該株神木

↑ 巨木群棧道上的神木，紅檜。

↑ 香林神木。

↑ 巨木群棧道。

↑ 巨木群棧道上的紅檜，觀察看看，樹幹上還有多少種附生植物。

誕生的時間約為東漢光武帝年間。樹種為紅檜，胸圍十二 ‧ 三公尺，高四十五公尺，樹齡約兩千三百年，位於慈雲寺及香林國小旁，離阿里山一號巨木步道很近，輕鬆就能走到。

　　阿里山的慈雲寺因為位於阿里山大片的原始森林中，顯得格外絕塵獨立。路過這裡可以尋找一處日式庭園，園內種植了一些園藝花卉，如**紫色木蘭、紫藤、銀杏、海芋、茶花、水仙花**，以及大名鼎鼎的阿里山十大功勞。如果是春天前來，滿園盛開的花朵可以讓我們這趟尋寶之旅滿載而歸喔！

↑ 慈雲寺。

↑ 水仙花。花瓣為雙色，外圍有六瓣，內圍由一金黃色盆狀副花冠構成。現在園藝改良已有多種不同花瓣顏色的品種。

↑ 茶花，常綠小喬木，葉面光滑，葉緣鋸齒狀，花色變化繁複。

↑ 阿里山十大功勞植株。

↑ 清新脫俗的海芋，毫不遜於陽明山上的海芋喔。

↑ 阿里山十大功勞花謝後會結果。

↑ 阿里山十大功勞開花。

最值得介紹的寶物為「阿里山十大功勞」，它是台灣特有種屬於小蘗科十大功勞屬。它的根、莖、葉都可以入藥，號稱具有數十種療效，因此稱為「十大功勞」。該屬植物台灣目前有三種，阿里山十大功勞因藥效之故，引發過度採集，目前它已被列為保育類藥用植物。

萬萬不可錯過的阿里山櫻花

如果是春天前來，當然更不能錯過阿里山的櫻花。一九〇三年起，日本人在阿里山試種櫻花，適當的海拔，以及如同溫帶的氣候，成就了阿里山遠播的櫻花聖地美名。園區內以吉野櫻數量最多，也最值得介紹。由於吉野櫻名氣太大，各地都想種上一片好就近賞櫻，但礙於它是雜交種，並不結果實，也就無法以種子行有性繁殖。大部分採用嫁接方式，但經此法無性繁殖出來的吉野櫻都有些怪異。例如顏色偏紅，萼片及花梗上無毛，和「正港」的吉野櫻就是不同。

阿里山工作站前有一株百年吉野櫻，因人為用心照顧與環境優勢，樹形完美，號稱「櫻王」，每年總是搶先開花，只要櫻王開了花，等於預告著園區內的其他吉野櫻也將會在一週內陸續綻放。若有機會一睹櫻王風采，別忘了好好觀察正牌的染井吉野櫻特徵喔。除了工作站前之外，阿里山派出所及阿里山賓館前方也是觀賞吉野櫻的好地點。這些點種植的櫻花還有**千島櫻、大島櫻、昭和櫻**及各

↑ 櫻王。花期約在三月。

↑ 染井吉野櫻，萼片及花梗上有毛，初開淡紅，全開漸白，但蕊心的部分仍偏紅。這些是吉野櫻最重要的辨識特徵。

↑ 千島櫻的花單瓣，淡淡粉紅色，花瓣較吉野櫻大，雄蕊較長。

種山櫻等，非常多樣，有原生種也有外來種。如果能在櫻花怒放的時節置身其間，是幸福高貴的尋寶旅程啊！

台灣特有種一葉蘭也是必挖之寶

　　除了櫻花以外，**一葉蘭**也是不容錯過的寶物。在國際間享有盛名的一葉蘭為台灣特有種，特別喜歡在海拔兩千公尺左右的雲霧帶，著生於林緣

↑ 一葉蘭。植株常只具一片葉，故名一葉蘭。

或陽光水氣皆充分的峭壁岩石表面，並與蘚苔、地衣相伴。阿里山有「台灣一葉蘭自然保留區」，此外，大家也可以就近在祝山觀日步道旁一葉蘭展示區觀賞。

進階版的尋寶行程

　　如果這些步道可見的寶物不足以滿足你探查野趣的胃口，那麼別失望，還有進階版的尋寶旅程供你挑戰！園區內有一條塔山步道，海拔高度介於兩千一百至兩千六百六十三公尺之間，可以練腿腳，也可以觀察得更深入。步道起點位於姊妹潭旁，單趟山路長約三‧五公里。前半段為枕木棧道，兩旁以紅檜及柳杉林為主，林下有一些特殊的小植物，如反捲根節蘭、黃斑龍膽、阿里山忍冬、戟葉蓼、玉山紫金牛，還有許多可愛的真菌，如地星、馬勃、干臍菇、珊瑚菌等，堪稱是一片視覺饗宴。步道後半段多為陡升階梯，正好順便練練腳力。大塔山是

↑ 塔山步道比起園區熱門景點，這裡更顯寧靜。

↑ 沿途的植物，反捲根節蘭。花朵花萼反捲，屬於小形地生蘭，分布於台灣全島中高海拔潮溼陰涼的山區。

↑ 大塔山，海拔兩千六百六十三公尺，塔山山系是台灣原住民鄒族人心目中的聖山。

阿里山山脈中的最高峰，登頂後可綜覽園區全貌，並遠眺玉山群峰，天氣晴朗時視野極佳。

　　探訪過阿里山之後，深覺自然環境中最寶貴的就是原始森林。經過漫長歲月考驗，如今依然得以健在的巨木林，說明了想保存自然環境絕非難事，只需要人類有心的珍惜愛護與手下留情。阿里山森林遊樂區除了滿足休閒遊憩的需求外，也能讓親子體會探索自然生態系的美好，親身體驗課堂內難以完整傳達的經驗。

↑ 沿途的真菌，珊瑚菌科。

↑ 沿途的真菌，鐘形干臍菇。

↑ 沿途的真菌，地星。

①下列何種植物以阿里山為種小名，但在阿里山區並不常見？

（A）阿里山龍膽。（B）阿里山根結蘭。（C）阿里山十大功勞。（D）阿里山油菊。

②阿里山森林遊樂區中的巨木，主要是哪一種植物？

（A）台灣杉。（B）鐵杉。（C）紅檜。（D）台灣扁柏。

③下列何者不是上阿里山主要觀賞的景色？

（A）日出、雲海、晚霞。（B）森林鐵路。（C）巨木群。（D）金針花海。

④關於阿里山的櫻花，下列敘述何者正確？

（A）全區皆種植台灣原生種櫻花。（B）號稱櫻王的植株，樹種為染井吉野櫻。（C）全區皆為外來種櫻花。（D）阿里山櫻花種植始於開放陸客來台觀光時。

解答

①（A）阿里山龍膽。

說明：生物小高手們，仔細讀過這章的話，應該很容易就能答對喔！

②（C）紅檜。

說明：巨木主要是紅檜，這可是阿里山探訪重點喔！

③（D）金針花海。

說明：阿里山上沒有金針花海。

④（B）號稱櫻王的植株，樹種為染井吉野櫻。

說明：（A）並非全區皆種植台灣原生種櫻花。（C）並非皆為外來種櫻花。（D）阿里山櫻花早在一九〇三年就開始種植了。

↑ 中午之前較容易看到翠峰湖全貌。這是早上九點半拍下的照片。

太平山有最大高山湖泊和珍貴山毛櫸？
東台灣生態尋寶

> **「霧淞」是什麼？**
>
> 在寒冷天氣中霧中水氣結為冰晶，大量凍結於草木或岩石上，就成了霧淞，非常美麗！

太平山在泰雅族語中稱為「眠腦」，意思是「森林茂密」，很有趣吧！太平山森林遊樂區主要位在宜蘭縣大同鄉，占地一萬兩千多公頃，海拔兩千公尺左右。這裡一樣有許多林木景觀可以看喔⋯⋯

早期台灣三大林場之一

一九一五年，日本人開始在太平山伐木，並興建太平山森林鐵路，開發紅檜、扁柏等木材資源。那時太平山、阿里山與八仙山並列為台灣三大林場。一九八二年後結束伐木作業，實施人工造林，推展森林生態旅遊，才轉型為太平山國家森林遊樂區。二〇〇三年增設多條特色步道，讓遊客更加深入探訪，成為更具多樣性的生態體驗場所。

各季不同的體驗主題

目前園區中有見晴懷古步道、鐵杉林國家步道、

茂興懷舊步道、三疊瀑布自然步道、翠峰湖環山步道、平元自然步道、台灣山毛櫸步道、望洋山步道八條步道。有些步道會因颱風豪雨、土石崩落關閉或僅開放部分區段，並非隨時都能各處造訪。太平山的住宿較難預定，加上山路多霧提升駕駛難度，但太平山四季不同的風情總是吸引著遊客。

　　例如冬季可以體驗鐵杉林國家步道，行走在雲煙縹緲的人間仙境中，也有機會碰到難得一見的**霧淞**美景。在**鳩之澤溫泉**泡湯之後，再到溫泉附近短程的自然步道享受冬季森林浴。春季則不能錯過賞花，**翠峰湖環山步道**在春天最為精采，每次造訪只怕時間不夠！以下詳細介紹。

利用「生態工法」建成的翠峰湖環山步道

　　翠峰湖是台灣最大的高山湖泊，無論是晨昏的光線變化或四季不同的溫差顏色，都充滿夢幻之美。步道全長三‧九公里，海拔介於一千九百至兩千公尺之間，步道整體是利用伐木時期運送木材的軌道路線整建而成。步道使用以生態保育、生物多樣性維護、永續發展為基礎的「生態工法」建成，因此能保護原始地表植被、並降低對野生動物的人為干擾。途中還設立不少極富教育意義的解說牌，　家大小在步道上漫行之際，很容易就能自然而然地自主學習，為生物知識

↑ 翠峰湖同一天各時段有各種不同的色調。午後雲霧漸漸從山坳湧入，這是中午十二點半拍下的照片。

庫充飽電。

　　翠峰湖環山步道怎麼玩？翠峰湖的主要水源來自降雨，九至十一月是滿水期，一至四月為枯水期。若你在枯水期的春天造訪，湖邊的植物花海可以滿足你的尋寶胃口。二到三月翠峰湖畔一片雪白的植物，我稱為「白色陣線」，包括不常見的太平山櫻、白花八角、高山白珠樹。其中，太平山櫻花期主要在三月，花為白色，三至五朵叢生，花朵與嫩葉一起盛開。除了翠峰湖環山步道外，景觀道路、見睛步道、太平山莊後方的原始林步道也都找得到難得一見的太平山櫻。

　　白花八角是極有特色的植物。大家應該很快會聯想到，如果調味料八角可以吃，那麼白花八角也可以食用嗎？它們確實是同科同屬的植物，但白花八角有毒，可當藥材，不能食用。其果實雖然不能食用，但開起花來素樸白淨，別有一番美感。

↑ 太平山櫻是台灣特有種，花朵與嫩葉一起盛開。花瓣為白色系，花蕊帶點粉紅。整樹是淡淡的粉紅，不像霧社櫻般的純白。

↑ 白花八角花期在春天。它是兩性花，雄蕊多數。

↑ 高山白珠樹開花了，別被它的名字唬住喔！這棵樹很矮的。

↑ 高山白珠樹的花朵比指頭還小。

↑ 台灣一葉蘭。

↑ 著生於岩壁的台灣一葉蘭。

　　三至四月前來的話，**台灣一葉蘭、裂緣花、台灣胡麻花**，也會讓你驚豔不已。台灣一葉蘭是台灣原生蘭，產於海拔一千五百至兩千五百公尺森林的潮溼岩壁或樹幹上。它的假球莖埋於水苔或腐葉內，三至四月開花，每朵花壽命僅一至二週，想找到這個寶物，一定要眼睛夠尖喔！

　　裂緣花屬於岩梅科，在台灣只有一種。花瓣邊緣呈不規則齒裂，故名「裂緣花」。花朵白色，花單生，花梗細長。花冠鐘形下垂，比較不容易觀察花朵構造。

　　台灣胡麻花屬於百合科，為特有種，常出現於中海拔潮溼岩壁。這種花的色彩根據海拔高低略有不同，較低海拔山區的花朵以白色居多，中海拔則常帶粉紅色，很有趣吧！

↑ 從正面看裂緣花。

↑ 從側面看裂緣花。

↑ 台灣胡麻花屬於百合科，為特有種，常出現於中海拔潮溼岩壁。較低海拔山區的花白色居多，中海拔則常帶粉紅色。

蘇苔植物不分季節永遠繽紛的地毯

　　另外，無論哪一個季節造訪，你都能看見一大片淺綠至深紅的「地毯」，春天則以綠色為主。這是台灣難得一見的豐盛蘇苔景觀，由於雨量多，森林植株緊密，地表植物以**泥炭苔**為草本層的優勢種，因此構成了一年四季都以翠綠為主的「綠地毯」。說到不分季節的美景，當然也別忘了**紅檜**、**扁柏**等**裸子**植物。

苔癬植物

在台灣平鋪在地的稱為「蘚」，可直立生長的稱為「苔」。在中國則相反，因此在網路上搜尋資料時，常會發現略有不同喔！

↑ 台灣扁柏。附近也有紅檜，可以複習一下兩者如何區分。

↑ 泥炭苔保水性極強，一公斤可以保十至二十五公升的水。

↑ 身處此景，就想起元朝散曲名家張可久〈天淨沙〉中「青苔古木蕭蕭」美句之「溼」情畫意。

有珍貴山毛櫸的山毛櫸國家步道

　　山毛櫸國家步道顧名思義，其主角就是台灣山毛櫸，又名「台灣水青岡」，是殼斗科山毛櫸屬的落葉喬木。它是台灣特有種，而且還是古老珍貴的孑遺植物，只在桃園復興鄉的北插天山自然保留區及本章介紹的太平山區分布較多。然而北插天山是登山客挑戰的高難度路線，還是來太平山區觀賞吧！

　　山毛櫸國家步道單程長度三‧七公里，沿途可觀察的自然生態包括板岩岩壁、苔蘚、地衣、針葉樹，及各種低矮開花植物。步道末段就是台灣最大面積的

↑ 春天的嫩葉毛茸茸的，嫩葉表面有白色毛，成熟之後多數毛茸會脫落。葉面上有小桃狀蟲癭，造癭者屬於雙翅目癭蚋科。

↑ 葉片在秋天已轉黃的台灣水青岡。

↑ 山毛櫸國家步道。秋天假日人潮洶湧。

↑ 冬天的枯枝無論是在迷霧中或藍天下都有著既孤傲又柔軟的美感。

山毛櫸原始林，大部分遊客都選在秋天前來欣賞滿山的橙黃變葉，然而事實上，除了秋季之外，這片原始林在其他季節也各有風情，春天可以賞新芽，夏日避暑賞濃綠，冬季葉片落盡獨留一樹枯枝，可以趁機觀賞它像血管組織又具藝術感的枝椏。

萬達礦業的開發案目前進入了第二階段的環評，旨在評估採礦對於當地「台灣水青岡」族群生存的影響。期望能讓更多人欣賞山毛櫸的美麗，並了解其生態意義，也但願這片原始林不要再遭到破壞。

見晴懷古步道

下山途中，可以把握機會再走一小段**見晴懷古步道**，當作是暫別的旅程也很有意義。這段步道過去是太平山運材的軌道，全長二‧三五公里，目前因坍

↑ 在步道入口處遠眺雪山山脈、品田山、大霸尖山、聖稜線。

↑ 見晴步道上最尋常的景觀，雲霧帶中的檜木林。

↑ 晴步道沿途最多的一種草本植物，東方肉穗野牡丹。

塌整修，只開放到〇‧九公里。見晴步道入口處在天氣晴朗時可以遠眺雪山山脈、品田山、大霸尖山、聖稜線等。可以看見三千公尺以上的壯闊風景，欣賞多變的雲海。

步道雖然很短，一定看得到的是**東方肉穗野牡丹**。它是野牡丹科、肉穗野牡丹屬植物，植株嬌小，花朵紅紫色，是沿路山壁上為數眾多的野花。

最值得你在此就近比較的「雙胞」植物是**台灣款冬**與**山葵**，兩種植物的葉形很像，不開花時較易混淆。

↑ 台灣款冬的花與葉。

台灣款冬為菊科款冬屬，葉子大片近圓形，葉緣、葉脈帶紫色為主要辨識特徵。春夏開花，不具舌狀花，只有白色的管狀花。款冬如果開了花當然就不易和山葵混淆，因為山葵是十字花科成員，有典型的十字花冠，花瓣白色。雖然說起山葵大家都不陌生，但要遇見它的花期也不容易。山葵是早期日本人開發太平山、阿里山時所引進的，具有獨特的味道，是生魚片、握壽司的最佳佐料，阿里山、鞍馬山等也有少數族群。

↑ 山葵植株的葉、花。

↑ 山葵的莖。要磨成細泥狀才能食用，又稱 wasabi。

下課前五分鐘

① 下列何者不屬於台灣三大林場？
（A）太平山。（B）阿里山。（C）八仙山。（D）大雪山。
② 台灣最大的高山湖泊為下列何者？
（A）日月潭。（B）嘉明湖。（C）翠峰湖。（D）松蘿湖。
③ 想要在國家公園或森林遊樂區中欣賞台灣山毛櫸，以下列何處為首選？
（A）陽明山國家公園。（B）太平山森林遊樂園。（C）阿里山森林遊樂
園。（D）大雪山森林遊樂園。
④ 若是在夏天到太平山走翠峰湖環山步道，較不容易遇見何種植物開花？
（A）一葉蘭。（B）東方肉穗野牡丹。（C）台灣款冬。（D）紫花鳳仙
花。

解答

① （D）大雪山。
說明：太平山、阿里山與八仙山並列為台灣三大林場，所以只有大雪山是
錯的喔！
② （C）翠峰湖。
說明：翠峰湖是台灣最大的高山湖泊。
③ （B）太平山森林遊樂園。
說明：太平山森林遊樂園的山毛櫸國家步道，是除了北插天山自然保留區
以外最容易觀賞到台灣山毛櫸的地方喔！
④ （A）一葉蘭。
說明：一葉蘭花期為三至四月，因此夏天造訪的話較不容易遇見它盛開的
花朵。生物小高手們，你們的太平山之旅闖關成功了嗎？

最強的生物訓練就是寫下它——
自然寫作觀測與技術指南

關關前的學習寶典 VII

學習引導✕學習關鍵字✕生物祕笈大公開

闖關前的學習寶典 VII

學習引導
生物科統整性學習

學習關鍵字
跨領域學習、主題式學習、環境倫理、生命教育

生物祕笈大公開

跨領域學習的重要性

濟慈曾經說過:「自然科學家如果逮著機會,將使彩虹解體。」對於一個科學教育工作者而言,是很值得玩味的一句話。

從事科學教育最大的感慨,莫過於許多孩子對於自然課本、生物課本了無興趣,因為書中內容與生活脫節。然而另一些學生沉迷於知識的殿堂,卻對於真正的大自然毫無共鳴。造成這些脫序現象原因之一是科目的分工太細,其次是課程內容與生活、人文的連結太少。家庭中,親子之間可以多創造一些生活體驗,在學校裡,教師可以彌補的就是**跨領域**的課程設計。

我曾透過**自然書寫**來縮短人文與科學之間的距離,實行後深深感受彰顯的效果,能藉由人文情懷深化生態素養,也更進一步協助吸收原本難以理解的知識。

「生物課好好玩」的最後一關,就是經由老師的示範,介紹這種綜合性的生物學習方式:自然寫作。

什麼是「自然寫作」?

廣義而言,「自然寫作」指的是所有與自然相關的書寫,不一定具備文學性。可以是描寫天空、風、雲、雨、露等氣候變化,或是描寫植物、動物、昆蟲,以及河流、山峰、湖泊、田野等各種自然景觀。例如珍‧古德的《與牠為伴—非洲叢林三十年》,並非典型的文學作品,書寫內容為大自然的生物,廣義上屬於自然寫作。

狹義的定義則專指具有文學性的自然書寫。例如《湖濱散記》、《沙郡年記》、《寂靜的春天》，不僅描寫自然，也有優美的文學技法與深刻的人文哲思，皆為西方自然寫作的經典作品。

自然寫作是古老傳統、是人類天賦

在台灣，一般認為，現代的「自然寫作」是從一九八○年之後才漸漸形成。然而，其實回溯過往的文學作品，不難發現「自然寫作」自古就有，可說是一項古老傳統，更是人類天賦本能。

兩千五百年前的《詩經》中，字裡行間的動植物約兩百五十餘種，此書中有一詩篇〈碩人〉，讚美衛莊公妻子莊姜的溫文美貌，其中七句「手如柔荑，膚如凝脂，領如蝤蠐，齒如瓠犀，螓首蛾眉。巧笑倩兮，美目盼兮。」翻成白話大意是：「手指似初生茅草的嫩芽，皮膚似凝結的羊脂，脖子像天牛幼蟲一樣白皙，牙齒宛如葫蘆種子般潔白整齊，額頭方廣如同蟬的頭部，細長彎曲的眉毛像蠶蛾的觸角，笑容美好，眼睛迷人。」

生物小知識補充

荑（ㄊㄧ ˊ）可解釋為初生之葉或楊柳之穗等。

螓（ㄑㄧㄣ ˊ）首：寫詩的人指的是蟬的頭部，但以昆蟲構造做為頭、胸、腹三部分而言，那可能是胸部。

這段詩前二十個字中就有兩種植物和三種昆蟲：荑（初生之葉）、瓠（葫蘆）、蝤蠐（天牛幼蟲）、螓（蟬）、蛾（蠶蛾）。說明這段詩的國文老師即使能夠翻譯文意，但如果不曾仔細觀察「天牛幼蟲」、「蟬的方額」，或是「蠶蛾的觸角」，我想未必能體會為什麼藉這五種生物來描述一位大美女，也造成學習文學時少了一分完整享受的樂趣。相對的，一位僅精通生物知識的人來讀這首詩，即使知道「菜荑花序」，不一定理解典故與原因，也許更難領會「巧笑倩兮，美目盼兮」之文學意境，兩種角度的理解皆有不足，都是因為人文與科學連結太少。

如果對成人而言理解都不容易的話，更遑論每天處於考試壓力之下的孩子了。怎麼樣找到更快樂、更多元、更能激發孩子想像力和好奇心的學習方式？「自然寫作」也許就是大家都在尋找的那個解答。

最強的生物訓練：自然寫作五原則

　　勤讀書本、野外探險、上山尋寶、居家周邊冒險，都是為了深入大自然，獲得樂趣，最終達到自然吸收知識、主動學習的目標。我們可以鼓勵孩子從一篇小作文開始，例如一次家庭的夜觀活動或生態旅遊之後，親子可以一起書寫，交換閱讀，共賞互評。書寫過程請先抓住下列**自然寫作五原則**。

　　1. 以大自然為寫作的主體。「自然」是描寫的主角，而非背景。

　　▶▶ **鎖定主題，培養思考力**

　　2. 文章中必須融入自然知識。自然科學知識在寫作內容中必須占有相當的比例。

　　▶▶ **活用所學，成為生物小達人**

　　3. 真實的自然體驗。作者要實際造訪所描寫的環境中去觀察。

　　▶▶ **訓練主動探索學習的好奇心與行動力**

　　4. 生態價值觀。不僅僅以人類為中心，在文字中思索更宏觀的環境倫理觀。

　　▶▶ **培養生態素養，敏銳感受力與細膩同理心**

　　5. 具有文學性。

　　▶▶ **鍛鍊一生都受用的創造力、表達力、美感品味**

　　下筆書寫之前先盡量融入以上五個要素，文章完成後，也回頭審視是否五個原則都達到了。一開始也許不容易，但經過練習和討論，你會發現各方面能力都快速提升。

　　那麼，自然寫作和一般寫作有什麼差別呢？自然寫作需要豐富的自然知識，和大量的自然觀察。作品也不能虛構，必須「真實」呈現。這將會訓練寫作者觀察的敏銳度，和統合資訊的邏輯思考能力。入門方式如以下三步驟：

　　第一步，和親人、同好、朋友一起進入自然，生態旅遊啟程！

　　第二步，在自然觀察之際不忘勤加記錄，利用本書介紹的表格，可以完整記下重點。可適量繪製圖片，也別忘了寫下心情感受。

　　第三步，平時大量閱讀自然文學作品，召集家人、好友，以讀書會的形式一同分享，樂趣更多。

　　先走入自然，盡情體驗，然後拿起筆來，盡情揮灑吧！生物課最後一關，需要你的創造力和想像力！

↑陽明山暮蟬。

第 1 課

告別童年——蟬的羽化（自然寫作示範 No.1）

寫作重點小提示

　　* 從家庭記憶、兒時往事中與自然互動的經歷切入，描寫「真實的自然體驗」（自然寫作五原則③）。描寫聚焦於蟬，「以大自然為寫作的主體」（自然寫作五原則①）。

　　* 從蟬的相關記憶裡帶入對蟬的觀察，兼具情感與知識性，「在文章中融入自然知識」（自然寫作五原則②）。文章最後一段呈現「生態價值觀」（自然寫作五原則④）。

　　端午假期的黃昏，我帶著爸媽去散步，尋常山路四季各有不同風景。初夏時節山徑色彩豐富，荔枝果熟轉紅，龍眼花謝滿地，人心果的小花雖開猶閉，雙輪瓜結滿了柑仔糖般的紅色果子攀上樹梢，一雙黑冠麻鷺在樹上築巢育雛。

　　八十多歲的父親像個孩子般沿路找蟬，蟬兒連結了他人生各階段的回憶。兒時與兄弟捕蟬的歡樂畫面、中年在八卦山區上班的假期裡帶著孩子在樹林中找蟬的過往、退休後上山每逢蟬鳴時節就捉隻熊蟬給稚幼孫女當小禮

物的片段……這些都是他的快樂來源。

　　這天，父親撿了一些蟬蛻，以及一隻剛剛出土，準備羽化的熊蟬若蟲送給我。父親說蟬蛻是用來收驚的中藥材，幼年的我經常胡說夢話，總讓父親以為我需要「收驚」。數十年社會歷練對於生命中的勞苦磨難早已無所驚畏，然而我還是留下蟬蛻收藏，因著父親的關愛。那隻即將羽化的若蟲則讓我再次見證生命的奧妙。

　　兒時，蟬的羽化對我而言是魔術，學了生物分類之後才知道在台灣俗稱為「蟬」者泛指同翅目、蟬科的昆蟲。蟬的生活史依序是：卵→若蟲→成蟲，為不具蛹期的漸進式變態。在泥土中吸取樹根汁液維生的若蟲期，於蟬的一生中占了大部分時間，以台灣的紅脈熊蟬為例，一個世代五年，包含卵期兩百四十至兩百六十天，成蟲期四十五到六十天，其餘四年大約就是待在土裡的若蟲期。根據蟬的種類不同，生命週期也有差異，台灣的蟬多為一至五年，但世界各地的蟬有的生命週期可長達十年，甚至超過十年。所謂「十七年蟬」，指的是北美洲的一種蟬，光是若蟲期在土裡就可長達十七年。

　　全世界的蟬約兩千多種，主要產於熱帶及亞熱帶，各地特有種比例都很高，台灣已記錄的種類有二十一屬五十九種，特有種約占六成。其中，熊蟬屬在台灣本島有三種，西部平原以**高砂熊蟬**及**紅脈熊蟬**最為常見。雄蟬會以鳴叫聲吸引雌蟬，完成交配產卵的繁殖工作後，結束牠們短暫的成蟲階段。交配後的雌蟬把卵產在樹皮內，一段時間後孵化為一齡若蟲，小若蟲經過一段時日之後會爬到土裡生活，每蛻一次皮就長大一些，若是高砂熊蟬需約四、五年才鑽出泥土，爬上樹幹羽化。

　　我將熊蟬若蟲帶回家後，布置了一個可供蟬兒羽化的盆栽環境，希望能完整看完羽化過程。晚餐時間，我一邊吃飯一邊觀察，熊蟬的終齡若蟲前腳粗壯，適合掘土，且有尖刺輔助攀爬不易摔落。在我眼前這隻若蟲不停在植株上爬來爬去，似乎在尋覓最佳羽化位置，最後終於停在一片葉片背面，靜止不動。

　　約兩小時之後，牠仰起頭來，這是羽化前的徵兆。又過一小段時間，背面胸部的蟬殼縱裂開來，隨著裂線慢慢加長，蟬殼胸部漸漸鼓起，緊接著蟬兒的頭部伸了出來，身體後仰與蟬殼約成直角。而後，胸部帶著皺縮的羽翅及腿挺了出來，腹部接續緩慢伸出。一雙薄翅無聲息地開展成如絲的翠玉，蝦紅色的附肢慢慢伸展，最後腹部尾端抽出，蛻殼完成。蟬兒在自己蟬蛻上繼續晾乾並展翅，這樣大約要花上四十分鐘。再過十分鐘，展到最大面積的雙翅朝腹部靠攏，此時翅脈仍為翠綠色，身體外骨骼也尚呈灰綠。

↑ 高砂熊蟬羽化過程。觀察過程中，燈光宜暗，越暗對蟬的打擾越小。

　　我期待親睹羽化過程的願望實現了！記錄完這段美好的生命故事之後，我懷著興奮的心情入睡，那天夜裡我還夢見，自己在黃昏時分帶著大老鷹前往公園，遇見了許多的暮蟬。

　　次日清晨，熊蟬真正告別了牠漫長的童年，準備好迎接牠的成年禮，我隨之帶回原地，放牠自由。

　　我的快樂也與蟬連結，一如父親，從年少到職場，始終未變。因就讀的國中位於綠樹環繞的八卦丘陵上，滿山相思樹，嘶啞整季夏日的蟬聲，是我對國中生活最大的懷念。那是我年輕生命中最美麗的地方，它使得我的青少年時期不那麼苦澀，無論歡欣或鬱悶，只要躲到樹林裡，聽著蟬鳴，觀賞野花，瞭望微風穿過的山谷，心緒便可平靜如水。

　　很幸運地，我的工作地點也是依山傍水，夏日蟬鳴不斷，薄翅蟬、草蟬、黑翅蟬、蟪蛄……我記錄了將近十種。最尋常的是鳴聲響亮的騷蟬，工作和生活上，心情有時也隨之起伏，扣著陣陣「騷」聲「蟬」繞。

　　「牠們是什麼蟬？」友人曾經問起。

　　「台灣騷蟬。」我簡單回答。

↑ 高砂熊蟬羽化完成的模樣。牠是大型蟬，身體黑色，具金屬光澤。

↑ 陽明山暮蟬，「暮蟬」指的是傍晚鳴叫的意思，但牠在陰天或較暗的森林裡白天也會鳴叫。

↑ 台灣騷蟬。廣泛分布於全島低海拔山區，數量多，鳴音大，容易尋聲觀察。

「『騷』？什麼意思呢？『輕佻』嗎？」我這才發現大家對於「騷」字的解讀是很多元的。

「不是，頂多是……吵鬧吧！」而我聽來是有幾分憂愁的，如夜讀離騷，那種騷人墨客的情懷。我在校園聽著蟬聲，想著嘶聲吶喊、揮霍光陰的孩子，但願孩子們懂得珍惜短暫的青春歲月。

即使到了晚秋，校園仍是斷斷續續有蟬聲環繞，此時的主角常常是寒蟬，寒蟬的鳴叫聲輕柔悅耳，細緻悠遠，曲律多變，且多為單隻獨唱，有別於騷蟬群體的大鳴大放。牠的身體與樹林同為橄欖綠色，與大自然融為一體的色調添增了尋覓的難度，但只要耐心辨識蟬聲來源，還是可以找到的。

↑ 寒蟬成蟲出現於六至十一月，九至十月為高峰期。在台灣寒蟬屬有五種，這一種是較常見的，普遍分布於低海拔山區。

↑ 黑翅蟬，體長約二‧五公分，頭部黑色，額唇基為橙紅色，中胸背板兩側有兩大塊橙色斑，翅膀及腳為黑色，整隻橘配黑，非常美麗。

寒蟬體長二・五至二・八公分長，棲息於平地至低中海拔山區，白天鳴叫。牠的名字可能讓你聯想起「噤若寒蟬」這個成語，事實上，此處的寒蟬指的不是寒蟬屬的蟬，而是冷天中的蟬。一般的蟬於春至秋天鳴叫，古人認為蟬到了寒冷的冬天便不能發聲，故以「噤若寒蟬」來形容怕事不敢說話。

其實古人早就知道寒蟬這種昆蟲，從《禮記・月令》篇中的「涼風至，白露降，寒蟬鳴。」到唐代詩人柳永《雨霖鈴》的「寒蟬淒切，對長亭晚，驟雨初歇……今宵酒醒何處？楊柳岸、曉風殘月……」從中可以理解，寒蟬是一個充滿秋意與別意的蟲名，在中國古詩中獨具季節代表性。

蟬鳴處處的台灣，因土地開發利用過剩，失去山林的蟬兒很可能遭逢喪失繁衍棲地的危機。加上除草劑或農藥造成土壤汙染，若蟲也可能早早在土中就喪命。我多麼期望在我們的生活周遭，蟬兒們都得以順利完成生命週期。

如此一來，所有孩子都能有一段與蟬為伴的童年，並在告別童年之後，還能記得大自然的召喚。

① 關於蟬的生活史，下列何者正確？

（A）卵→幼蟲→蛹→成蟲。（B）卵→蛹→幼蟲→成蟲。（C）蛹→卵→幼蟲→成蟲。（D）卵→若蟲→成蟲。

② 下列的蟬何者可以鳴叫？

（A）所有的蟬都可以。（B）只有雄蟬會鳴叫。（C）只有騷蟬會鳴叫。（D）雄蟬在若蟲期及成蟲期都會鳴叫。

③ 關於寒蟬的敘述，下列何者正確？

（A）寒蟬是一種不會鳴叫的蟬，所以有「噤若寒蟬」這個成語。（B）寒蟬棲息於高海拔寒冷的山區，故名寒蟬。（C）寒蟬常於秋天天氣將轉涼時出現，故名寒蟬，白天鳴叫。（D）寒蟬鳴聲細小，所以常群體鳴叫。

④ 關於蟬的一生，下列敘述何者正確？

（A）蟬的一生大部分時間都在泥土中度過，種類不同，生命週期各異。（B）蟬的生命週期為一年。（C）蟬的成蟲期占生命週期的主要部分，如十七年蟬，指著成蟲期長達十七年。（D）蟬的一生大部分時間都在樹幹上度過，吸食植物汁液為生。

解答

① （D）卵→若蟲→成蟲。

說明：答案就在本章中，生物小達人，你答對了嗎？

② （B）只有雄蟬會鳴叫。

說明：（A）並非所有的蟬都可以鳴叫。（C）並不是只有騷蟬會鳴叫。（D）雄蟬在若蟲期不會鳴叫。

③ （C）寒蟬常於秋天天氣將轉涼時出現，故名寒蟬，白天鳴叫。

說明：（A）寒蟬會鳴叫。（B）寒蟬棲息於平地至低中海拔山區。（D）寒蟬多為單隻獨唱。

④ （A）蟬的一生大部分時間都在泥土中度過，種類不同，生命週期各異。

說明：（B）蟬的生命週期根據種類各異。（C）十七年蟬，指的是若蟲期長達十七年。（D）蟬的一生大部分時間都是待在泥土中。

↑ 白頭翁親鳥育雛。

第2課
來不及長大——從鳥兒生命的消逝上一堂生物課（自然寫作示範No.2）

身邊許多日常微小事物因太過平凡，往往得不到人們的關注。就像陽光、空氣、水，雖然明知它們之於維持生命的重要，但因為太容易取得，往往難以體會匱乏時的情境，感恩之心也就不易產生。孩子在安樂的環境中成長，也需要體會世界上還有許多生物不一定有機會長大，理解各式各樣的生命歷程，是不容易的課題。

讓孩子體會「來不及長大」的遺憾，而學會懂得尊重生命、珍惜生命的美好，是我最樂於融入課堂的教學主題。生命之美不僅止於欣賞鏡頭拍下的珍稀影像，更可貴的是真實體驗和親身互動過程中，內心豐富的感受。

五色鳥很美，牠有五顏六色的羽毛，特殊的喉音鳴叫聲，還有像啄木

↑ 五色鳥之死。

↑ 在西方國家大片透明玻璃上提醒鳥兒，避免　　↑ 五色鳥築巢育幼。
撞擊的貼紙。

鳥一樣挖樹洞的築巢行為。但直到親眼目睹五色鳥「碰」一聲，撞死在校園三樓的玻璃窗上，孩子們才懂得思考，透明晶亮的玻璃可以是一種美好，也可能是一面冰冷殘酷的死亡之窗。因為不捨鳥兒猝死，孩子們自動自發地討論，如何避免再讓鳥兒受此災難。

　　相較於五色鳥，族群很大的白頭翁遜色得多，除了羽毛平凡、鳴聲喧囂之外，也沒有物以稀為貴的貴氣。直到某次事件發生，班上的孩子才注意到白頭翁平凡的生命故事。

　　那是一個尋常的台北六月天，中午氣溫飆過攝氏三十七度，孩子們無感於酷熱，照樣沉浸在球場的歡樂之中。趕往上課的走廊上，同學林小點迎面跑來報告：「老師！有人打球砸到鳥巢，小鳥掉下來了！」

　　「命案現場」圍著幾個熱心的孩子，有兩隻已經死亡，一隻還能張口呼吸。鳥巢約在七公尺高處的玉蘭樹上，是親鳥撿拾芒草穗枝築成，碗狀的鳥巢隱藏在離走廊四公尺許的綠蔭深處。我實在沒有能力把一息尚存的最後一隻送回巢中，

只能暫時將牠們挪到樹蔭處，免於曬死。整個下午，親鳥都沒有下來，只專注顧著巢裡最後一隻骨肉，另一隻親鳥尋找食物去了。

白頭翁在台灣為普遍的特有亞種鳥類，頭至頸部為黑色，頭上後方有一大塊白斑，故名白頭翁。翼面及背面羽毛以黃綠至淡橄欖綠為主色。每年春末初夏為繁殖期，雌、雄鳥共同育雛，通常每年繁殖一到兩次，一次產三、四枚蛋，繁殖時多以昆蟲為食。孵化兩週之後雛鳥破殼，再經過大約十天的育雛，便準備離巢。

因打球而砸到鳥巢的孩子哭了一整個下午，我安慰她：「不是妳的錯，因為妳不是故意的。這是野生動物與人類生活棲地重疊的結果。」

「可是我有罪惡感……」

「那麼你來養這隻雛鳥，為牠們盡一份心力，好嗎？」我想，對孩子而言，這是補償無心之過的最好方式了。

我交代其他同學協助她，教她購買器具、食物以及餵養方法，她從膽怯退縮，到坦然接受，這種承擔責任的勇氣，應該足以解脫罪惡感的糾纏了。

可惜，當天下午，那隻奄奄一息的雛鳥仍然走了。罹難的三隻親骨肉由同學小陶負責埋葬在校園某一角落。我在小陶稚氣的臉上看見了他哀悼生命的真情，那不是在試卷中評量得出來的善良人性。

隔天，我們一伙人繼續觀察那個白頭翁巢，心中仍有幾分惋惜，幾許遺憾。孩子天真問道：「老師，牠們怎麼不找其他地方築巢？這裡很危險的。」真是難

↑ 白頭翁。

↑ 白頭翁幼鳥摔落。

↑ 白頭翁親鳥育雛。

↑ 白頭翁雛鳥學飛。

以回答的好問題！鳥兒如果會說話，牠們聽了可能會反問：「那麼，你們怎麼不找其他地方打球？」

　　我還是盡量解釋。「生物的行為絕大部分是經過漫長的時間演化而來，在數萬年甚或數十萬年的演化期間沒有這麼多的人為干擾。」野生動物要面臨的挑戰遠比孩子們所能理解的要多，包括天氣變化、覓食或被捕食壓力，自然裡充滿了無常與艱辛，能夠存活下來的全都是幸運的勇者。如此一堂沉重而真實的生命教育課，唯有在孩子們撿到落難雛鳥或受傷幼鳥時，才有機會上到。雖然，這樣的課題永遠不會成為重要考試的題目。

　　隔天，我和燕友上山，也巧遇了一場鳥之劫難。我們穿過整修中的古道，溝渠中傳來幼嫩的求救聲，水面上還漂著四隻牠的兄弟姊妹，已全部罹難，我們不明白事情原委，只能先救起小傢伙。

　　在附近樹梢找不到任何鳥巢蹤影，但周圍環境中充滿了淒切的鳴叫聲，是一雙焦急的山紅頭。

　　我幫小傢伙擦乾羽毛，小心放上枝頭，見牠雙腳以爪子牢牢抓住樹枝後，再躲到一旁觀察。那一對急切的山紅頭立即靠了過去，想必小傢伙就是牠們的寶寶，總算鬆了一口氣。後來，我們一直看著親鳥多次往返，帶回蟲子餵了寶寶，才放心離開。

　　山紅頭屬於畫眉鳥科，體型小，身體淺橄欖色，頭頂紅褐色，常與繡眼畫眉混棲。牠們算是普遍的野鳥，在野外要聽見牠「督、督、督、督、督」的鳴聲

很容易，但牠生性隱密，喜歡在草叢間或密林裡穿梭跳躍，要觀察比起聽見困難多了。這一次巧遇，不僅能好好看個過癮，也難得記下了親鳥不放棄最後一個孩子，奮力餵食的感人畫面。算是日行一善了。

　　天地不仁，大自然裡天天在上演類似的戲碼，我了然於心，這次由於因緣際會，才稍加介入，出手救援。遇到幼鳥落地，大部分時候人類是不必插手的，但如果親鳥超過數小時仍未前來帶回幼鳥或幼鳥本身受傷時，才需要人類介入幫助。可以接洽各地動物保護處、鳥會或特生中心，他們都能提供專業的鳥類醫療救治。

↑ 山紅頭雛鳥罹難。

　　我最常叮嚀孩子的是：千萬不要在親鳥尚可照顧幼雛的狀況下，把健康的幼鳥撿來找老師，問道：「怎麼辦？」或「老師，這怎麼養？」這絕對不是愛護野生動物的正確方式。你很難想像，這麼簡單的道理，孩子卻不容易理解。得在一次又一次的實境

↑ 山紅頭一家三口團圓。

演練中，才能真正去除「養牠、餵牠就是愛牠」的誤解概念。

三隻白頭翁雛鳥摔落的四天之後，兩隻親鳥帶著牠們僅存的唯一孩子出來學習飛行。午餐時間，籃球場人來人往，蹲在地上的小傢伙很快就被注意到了，許多孩子以為雛鳥又摔落，紛紛停下腳步，有些知道上次事件的孩子趨前近距離觀察或拍照。我趕忙去阻止，請大家遠離，到二樓觀看。

這一對白頭翁父母只剩下這個孩子了，應該讓牠們免於驚嚇，我們一起上樓觀察親鳥是如何「引導」牠的孩子飛行。其中一隻親鳥會在幼鳥前短飛，等孩子跟上，另一隻親鳥就在孩子附近的枝頭守望。一回，二回，三回，大約二十分鐘後，一家三口就飛離這塊傷心地了。

陪伴孩子，帶他們看真正的大自然，這就是「引導」。這樣一堂又一堂活生生、血淋淋的生命教育教材在校園中比比皆是，就看教師如何引導學生學習。我常望著鳥去巢空的玉蘭樹梢，想著大自然是如何引導我思考、學習，也思索著自己工作的意義。

我但願，我能如那雙親鳥，行為可做為學生的學習榜樣，然後看望著、等待著孩子長大。

① 關於遇見雛鳥落難，下列何者是較正確的做法？

（A）趕緊打一一九請消防人員協助。（B）趕緊帶回家餵食，以免雛鳥餓死。（C）趕緊撿去鳥會或動保處。（D）可以先觀察判斷，在親鳥還可以照顧健康雛鳥時，不要介入。

② 關於白頭翁的敘述，下列何者正確？

（A）白頭翁和人類一樣，年紀大了頭上羽毛就變白了。（B）白頭翁不築巢，以天然樹洞育雛。（C）白頭翁育雛時由一雙親鳥共同完成。（D）白頭翁育雛時僅由雌鳥負責。

③ 關於五色鳥的敘述，下列何者正確？

（A）頭部羽毛五顏六色，故名五色鳥。（B）背部與翅膀羽毛有五種顏色，故名五色鳥。（C）像白頭翁一樣，有撿樹枝築巢的行為。（D）五色鳥僅存在於森林中，校園公園不容易見到。

④ 下列何者是鳥類生存所面臨的危機？（A）與人類生活棲地重疊。（B）環境的汙染源過多。（C）生活棲息地遭受破壞。（D）以上皆是。

解答

① （D）可以先觀察判斷，在親鳥還可以照顧健康雛鳥時，不要介入。

說明：生物小高手，這一題很重要喔！必須好好記住！

② （C）白頭翁育雛時由一雙親鳥共同完成。

說明：（A）白頭翁並非上了年紀之後羽毛變白。（B）白頭翁會築巢。

（D）白頭翁育雛時一雙親鳥會攜手負責。

③ （A）頭部羽毛五顏六色，故名五色鳥。

說明：（B）並非背部與翅膀羽毛有五種顏色。（C）和啄木鳥不同科，但一樣在枯木樹幹上築巢育雛。（D）五色鳥不僅存在於森林中，校園公園算容易見到。

④ （D）以上皆是。

說明：生物小高手們，你們都闖關成功，答對所有題目了嗎？

↑ 黃蕚捲瓣蘭。

第3課

一葉之情——
認識野生蘭（自然寫作示範 No.3）

寫作重點小提示

* ——回溯記憶中見過的各種野生蘭，並詳細介紹各個種類之特色，讓讀文章的人吸收許多自然知識，符合「文章中必須融入自然知識」（自然寫作五原則②）。

* 短文中涵納數種蘭花，在自然知識與記憶回溯之間交織為一篇易讀流暢的優美文章，符合自然寫作原則之一：「具有文學性」（自然寫作五原則⑤）。

父親有養蘭的雅興，於是我在學生時代便認得了幾種蘭花，基本款是蝴蝶蘭、嘉德麗亞蘭、石斛，還有令人讚嘆造物者巧思的拖鞋蘭，以及一些葉片細瘦如草，名之為「國蘭」的蕙蘭屬植物。溫室裡的花朵未曾令我動容，印象最深刻的反而是父親養蘭的心情。我經常提著父親種植至開花的盆栽回台北，花期長達一個月以上，花謝之後枝葉仍有勞父親照顧。北上求學後便離開故鄉的我，在年輕歲月裡，我總是感謝蘭花能替我陪伴空巢期的父親。

愛上遊走山林之後，巧遇野生蘭的次數隨之漸增，驚喜遠勝於曾經迷戀的無花家族「蕨類」。但蕨類之中也有幾種我尤其鍾情的，例如全株只有

一片葉子的「瓶爾小草」。

大一的課堂上，首次聽到老師介紹
這種蕨類，當時它已淪為稀有植物。我
清楚記得老師說：「因為藥性廣，民間
已喊到一斤數千元的價格。」由於其稀
有的身價，總讓我的腦海浮現許多幻想
——想像它們成為普遍的盆栽植物，像
避邪用的抹草，家家戶戶都要種上一盆
自用，也想像它成為草原，讓人享受在
草原中翻滾的快樂。

有一天，部分想像進入了真實的
生活情境中。窗台的盆栽中冒出了一株
株可愛的瓶爾小草，我推測可能是鳥兒
或風帶來了孢子，只要有水，就是一盆
精美的盆栽，我不曾想過它的藥性，從
未打算吃掉這一盆植物。又過了幾年，
路過某大學草坪，三個婦人蹲在地上採
集，我好奇上前請教她們在採什麼？

「一葉草啦！」

「採這個做什麼用？」我是明知故
問。我理解台灣居民「見青就是藥」的
情結。

「這個喔？可有用囉！要做善事
啦，有朋友『心包油』，這是給他治病
的。妳看，它開的花，一支支向上，很
特別的……」回答中可以理解大家對於
植物的認識層次。

婦人說的一葉草正是瓶爾小草。久
違了，距離我大學時為它描摹想像畫已
隔三十個年頭。我隨著婦人在草地上翻
找，欣喜的是它的族群還不小，只是植
株偏矮。校園的草坪總是被勤於修整，

↑ 花台上的瓶爾小草。

↑ 高山上的瓶爾小草科，鈍頭瓶爾小草。

除草機走過之處還能存活的大都是靠著地下莖維持生命。所謂斬草不除根，春風吹又生，其中的「根」指的就是草本植物的地下莖。而瓶爾小草得以從稀有植物中再翻身過來，除了依靠它的「短走莖」之外，還仰賴了蕨類特殊的繁殖方式：孢子。看來婦人把孢子囊枝誤當成花了，我沒有修正她的說法，她一生都視之為花的東西，如何要她一下子就接受那不是花呢？更何況，婦人一定也沒聽過「孢子囊枝」這種名詞的。

瓶爾小草的孢子囊枝著生在營養葉之上，一個植株就著生一片單葉，這片葉子不同於其他蕨類，幼小時，並不以捲旋的姿態展開。我常撫摸著它稍有厚度、飽滿、全緣的肉質狀葉片，感覺既柔嫩又堅毅。整株植物就靠一片葉子行光合作用維持生命，成熟時由葉柄與葉片交界處抽出孢子囊枝，孢子囊可釋放出許多肉眼看不見的孢子，隨風四散在各草地間，繼續循環衍生它的世代。

在有緣相逢的野生蘭中，最令我印象深刻的還有賀威神木腳下的**黃萼捲瓣蘭**、二格山的**金線蓮**、鳥嘴山的**黃根結蘭**，還有**台灣梵尼蘭**。台灣梵尼蘭為蘭科梵尼蘭屬中唯一的一種，看到「台灣」這兩個字可以猜到它是原生種，梵尼則為屬名 Vanilla 的音譯。

Vanilla 是什麼？如果告訴你翻譯成中文是「香草」，你一定不感覺陌生。香草口味的冰淇淋、餅乾等食品耳熟能詳，我也曾經疑惑：「香草」究竟是什麼草？原來這麼普通的俗名，其實是一種梵尼蘭屬的植物，取它的果實提煉香料，在墨西哥是很有價值的經濟作物。台灣梵尼蘭與之為同屬植物，但果實所含的香草精較少，不具商業價值，正因為如此，它才得以繼續存活於台灣山林裡吧！

↑ 黃萼捲瓣蘭。

↑ 台灣梵尼蘭。

↑ 一葉蟬花蘭植株。　　　　　　　　↑ 一葉蟬花蘭花朵。

　　其獨特之處在於攀緣性，這是蘭科家族中少見的特質。若逢花期，可以在山路上邂逅它爬滿岩壁樹幹，自在開落的模樣，透著些許恬淡的禪意。每每與台灣梵尼蘭的偶遇都帶來驚喜，總深植在我記憶中樞，難以忘懷。

　　相較於爬滿山壁「數以百葉」的台灣梵尼蘭，我也著迷只有一片葉子的種類。葉子是植物行光合作用的主要器官，一棵樹如果有數以千萬計的葉片，無論遭受風吹雨打、昆蟲鳥獸啃食，都無礙於生長。但如果只有一片葉子，它該如何維護照顧這唯一的一葉呢？

　　原生種蘭科中的「一葉蟬花蘭」是其中一種，它的每一個假球莖只有一片葉子，花形如蟬狀，故名為一葉蟬花蘭。若在春夏季節上山，我常以眼角餘光掃描樹林底層中一片葉子的蘭科植株，搜尋它離地面很近的花序，三至五朵，含蓄開落。花朵以白色為底，裝飾著紫紅色平行脈的條紋，花瓣與萼片緊密連結著，形成一個稍稍傾斜的小酒甕。我總覺得這些造型可愛的小花朵也像個小酒杯，像張開雙手，以唇瓣誘惑你一飲而醉，忘卻煩憂。

　　一身僅有一片葉子的植株，以「台灣一葉蘭」最為有名。它是唯一我會和山友刻意上山尋找的蘭花。

　　台灣一葉蘭，隨阿里山林場的開發，到西元一九〇九年才被發現，記錄下來。關於它的美麗，外國人一度比我們更珍視。繼一九二〇年首度在英國皇家園藝會獲獎之後，到一九七五年之間，共獲六次獎項。雖是盛名遠播，卻也因此受累，遭到部分貪婪人士的覬覦，因為少部分人淺短的目光，永續的生機就此被扼殺。台灣一葉蘭的命運一度快要步上白蝴蝶蘭的「瀕危」後塵，還好它的繁

殖力強，能由假球莖側生出新球莖。除了行無性繁殖之外，它也能開花結果，靠種子傳播，雖然幾乎從過去常見的山區消失殆盡，卻還不至於僅剩溫室裡的花朵。在深山密林、斷崖絕壁處，人們不容易到達的地方，仍有相當數量的族群在繁衍著。除了嘉義阿里山一葉蘭保護區之外，近年來台大李哖教授主導的一葉蘭培育計畫也頗為成功，目前已有大量人工栽培的一葉蘭充分供應國內外需求，栽培球莖的品質高、價格合理，野生植株理論上應得以倖免於難。

二〇〇九年，我走了兩個地方尋找台

↑ 一葉蘭花朵。

↑ 一葉蘭植株生活環境，山壁被刮乾淨後，短時間內復原不易。

灣一葉蘭，算好花期，加上網路資訊發達，在太平山翠峰湖環湖步道、山毛櫸國家步道上，以及名氣響叮噹的加里山上，都有令人驚喜的邂逅。面對這種高高在上，絕壁逢生的美麗生命，總有喜悅、感動，以及不知名的亢奮情緒潛入我內心深處，更有一些古老的記憶竄出腦海。我想起父親澆花的身影，想起父親總是說：「花開多久，心情就可以好多久。」也想起「花間派」詩人牛希濟的詞：「……語已多，情未了，回首猶重道。記得綠羅裙，處處憐芳草。」那年，離開加里山，告別大片絕壁幽蘭時，我在無邊的山嵐裡，竟感受到一絲絲的惆悵。

二〇一二年，原想重返加里山訪花，卻得知大片山壁的一葉蘭被盜走多數，連同岩壁上的蘚苔都刮得乾乾淨淨，簡直不留餘地，和山老鼠盜砍神木的行徑一樣令人憤慨。台灣最寶貴的自然資源都接二連三毀於貪婪的人性，國人的生態素養究竟要何時才能全面提升呢？

憤慨是一時，恆常縈繞心頭的是熱切期許。我相信「十步之內必有芳草」，也期許自己，就算只有一片綠葉，仍然會努力捍衛生態。

① 下列哪種植物一個植株上只具有一片葉子？

（A）菩提樹。（B）瓶爾小草。（C）金線蓮。（D）香草蘭。

② 香草冰淇淋中的「香草」所指為何？

（A）薄荷。（B）迷迭香。（C）一種蘭科梵尼蘭屬的植物。（D）薰衣草。

③ 關於瓶爾小草的敘述，下列何者正確？

（A）是草坪上常見的單子葉雜草。（B）花朵為單枝、黃色。（C）主要依靠種子隨風飄散四處繁殖。（D）屬於蕨類植物，因採集過度族群稀少。

④ 關於台灣一葉蘭的敘述，下列何者正確？

（A）原生於台灣中高海拔，為台灣特有種，也是知名的觀賞蘭。（B）為地生蘭，喜歡生活於林邊路徑泥地。（C）和台灣阿嬤（白蝴蝶蘭）一樣為瀕危的保育類植物，完全沒有野生植株。（D）已經成功復育，在野外處處可見。

解答

① （B）瓶爾小草。

說明：本章寫的都是「一葉」家族，仔細讀過，就能答對本題喔！

② （C）一種蘭科梵尼蘭屬植物的果實。

說明：仔細讀過本章，會發現答案就在字裡行間喔！

③ （D）屬於蕨類植物，因採集過度族群稀少。

說明：（A）瓶爾小草是蕨類植物。（B）瓶爾小草沒有花朵。（C）瓶爾小草靠孢子四處繁殖。

④ （A）原生於台灣中高海拔，為台灣特有種，也是知名的觀賞蘭。

說明：（B）喜於著生在陽光、水氣皆充分的峭壁岩石表面。（C）台灣一葉蘭有野生植株，只是比較難尋見。（D）目前雖有人工栽培，在野外並非處處可見。

↑ 野菰的花期約於八至十一月，花色淡紫白色，形狀像菸斗。

第4課

天地如寄——寄生植物的生命啟示
（自然寫作示範 No.4）

寫作重點小提示

　　* 在「真實的自然體驗」（自然寫作五原則③）中，介紹親見的各種寄生植物特色，讓文章充滿獨特視野與真實體會。

　　* 以寄生植物為主題，抒發情感與對生命的省思，融入對文學的理解體會，為科學之眼所見的事物增添溫度與美感，符合自然寫作原則中的「具有文學性」（自然寫作五原則⑤）。

　　　我獨自穿越星垂的平野，沿著
　　　古代的大江，我獨自
　　　浪跡來此；
　　　站在永恆的對面，像群山一樣
　　　沉吟你的名字
　　　天地如寄，詩人
　　　難道這就是你要告訴我的一切？
　　　　　——楊澤〈旅夜書懷〉

又到了該離開工作地去遺忘壓力的時候了。我從晴朗的台北市出發，經石碇、瑞芳、九份，往金瓜石前行。

　　途中經過菁桐、平溪、十分，想起了某年春天帶著爸媽來搭觀光火車，逛平溪老街。接著，路過往新平溪煤礦博物園區的岔路，想起數年前的教師節，當時大病初癒，風雨中登五分山試煉體能。在搖晃的車廂中，大腦慢慢搜索，拼湊著在歲月裡飛舞的一片片拼圖，尋著、拼著、暈著，總算也找回了些遺失的印記。一〇六市道比記憶中的圖像更顯蜿蜒，但記憶並不可靠，日記總是寫得不夠勤快。我一直都明白，生命的軌跡必須靠自己刻畫，而不是行車紀錄器。

　　經九份之後，錯過了往無耳茶壺山的登山口叉路，便隨性放棄登山念頭，前往金瓜石地質公園。公園中的步道乾淨清爽，接近昔日礦坑的沿途設有許多解說牌，可以慢慢認識過往的淘金傳奇歲月。東北季風比起台北市雲淡風輕的天候猛烈得多，水氣、霧氣、雲氣都豪邁揮灑，展現季節與地質的特色。我站在一片漆黑的昔日黃金礦山前，眺望不到近在咫尺的海景，心情就像天邊烏雲一樣沉甸甸。

　　待到雲霧漸開，眉心也隨之舒展。心情的轉換有時很容易，換個環境即可，或者，只需要走出來，走到大自然裡，大致上都可以讓我的腦子乖乖「聽話」。

　　沿路來到萬應宮廟前，我期待著、願望著，如果可以遇見一條蛇、一隻美麗的鳥，或者，一株蘭花也好，我想像著有了美麗邂逅之後，我的大腦將會何等歡欣。我想，快樂的腦子比較乖。

　　迎風面的山壁上，芒花已準備就緒，深秋即將上場，山菊綻放著鮮黃花序，為秋色增添了明亮，往貂山古道的叉路上欣逢野菰族群開花，腦子更清朗了。為什麼這些小東西能左右我的心緒？我就這樣甘於把「心」託付大自然？那麼，我與孩子將心情交給天氣有什麼不同呢？我想著這些疑惑，也聯想到校園牆邊野菰的飄零命運。

　　校園臨溪的邊坡原本是個完全不具生態意義的水泥牆面，適者生存，幾年的考驗下來，坡面上的最適生存者，就是「白背芒」與「大花咸豐草」。每年秋天在芒草堆中能就近觀賞到為數不少的野菰族群，這是我帶著孩子認識寄生植物的最佳場所。可惜野菰終究被除草的大刀「斬草除根」，野菰族群隨之消失，而大花咸豐草依然生生不息。

　　野菰為列當科野菰屬，一年生草本的寄生植物，葉片退化，缺乏葉綠體，因此無法進行光合作用製造養分，常寄生於芒草、蘆葦、甘蔗等禾本科植物根部。野菰吸取芒草的汁液賴以維生，人類稱它為「寄生植物」，聽起來略帶負

面意義，但它是如此嬌柔美麗，也許事實上並未真的危害大地或宿主，我們實在不必以「人」的立場過度強調「寄生」的負面意義。我們或許反而該著眼於宿主芒草的精神，當有能力照顧弱勢而不危害自身時，何不學芒草，試著施惠他者？

↑ 野菰的花寄生於禾本科植物根部。

說到底，天地萬物裡，誰不是寄生？誰又比誰高等呢？人在世上也不過是短暫寄生於天地之間，人類取之於天地，可曾回饋天地？

我想起傳說中的「七殺碑」內容：「天生萬物以養人，人無一德以報天。」面對蒼茫大地，面對芒草與野菰，我當然不明白芒草是出於無私或者無奈，但相信自己看到的是一種和諧。

與野菰同為列當科的家族成員中，還有另一屬小型寄生植物，**列當**，但遇見它的機會少得多。列當高約十至三十公分，一樣不具葉綠體，植株褐色，由數朵小花構成一個花序，花色因種類而異，多為黃褐色或藍色、紫紅色的唇形花。論姿色，談不上漂亮或可愛，吸引我的也是它沒有葉綠體仍能存活的本領。有些寄生植物就像真菌一樣，生命中大部分時間都在不見天日的地表下，植株只在繁殖期間露出頭來開花，把最甜蜜的部分留給小蟲子欣賞。受粉、結果、產生種子。待適當時機種子萌發後吸附到宿主根部，吸取宿主的水分及養分存活。

我想起水晶蘭，想起菱形奴草、蛇菰，以及霞客羅古道上的台灣槲寄生。它們一樣都是寄生植物。被人以人類的眼光冠上「寄生」之名，該是何等羞辱？但我從來不懷疑這些寄生植物在大自然裡存在的價值，更不願見它們被世俗的價值觀「汙名化」，所以更想找尋它的芳蹤，親自告訴這些植物：「我能欣賞你的獨特與美麗。」

寄生植物的存在是長期演化的結果，在物種與基因多樣性上扮演了重要的角色，對於其他生物的生存也有一定的貢獻。例如有些種類的花是其他生物的食物或蜜源，人類不宜主觀給它貼一張「無用」的標籤。如果寄主或宿主都可以共享平衡，欣欣向榮，那是多麼美好的依附關係啊！

不過，寄生家族中當然也有剪不斷理還亂的糾纏者，最惡名昭彰的就是**菟絲子**。

全台低海拔光線充足的開闊地都有機會
見到菟絲子，這類草本寄生植物為旋花科、
菟絲子屬，台灣有四種。它無根無葉，靠爬
藤狀的莖攀附在其他植物，並在接觸植物枝
條處長出「吸器」伸入寄主維管束，以吸取
養分維生。李白詩中「君為女蘿草，妾作菟
絲花。」以及古詩「與君為新婚，菟絲附女
蘿。」中，菟絲均被形容為柔弱依附的女
子。然而，在如今的生態環境中，它可是柔
能克剛的植物殺手，特別是外來種的日本菟
絲子。台灣於一九九○年首次在東埔溫泉附
近發現它，因民間流傳「無根草」的藥性，
許多人便隨手散布這種植物，目前全台低中
海拔，甚至大都會，幾乎都成了它的勢力範
圍。而中藥店中的「無根草」其實是「平原
菟絲子」，常寄生在草本植物或小灌木上。
要一般居民懂得辨識兩者差異實非易事，但
入侵外來種衍生的生態浩劫不容忽視。

然而綜觀而論，多樣化的寄生家族確實

↑ 列當，在阿爾卑斯山區健行時最常遇
見的寄生植物。

↑ 列當花朵與尋蜜的小螞蟻。

↑ 水晶蘭。

↑ 台灣槲寄生。

↑ 外表呈黃色絲狀，看似柔弱的日本菟絲子。

點綴著大地，添增了色彩。

　　我穿過貂山古道，沿著草浪起伏的原野，款步迎風。立於無言的群山之間，大海之後，沉吟著詩人的文字，領會些許詩人的心境。

　　「飄飄何所似？天地一沙鷗。」「夫天地者，萬物之逆旅；光陰者，百代之過客。」

　　我想起楊澤的詩句。不禁感嘆：天地如寄。詩人，我知道你要告訴我的一切。

↑ 平原菟絲子。

① 下列何者不屬於寄生生物？
　（A）菟絲子。（B）野菰。（C）寄居蟹。（D）列當。
② 寄生植物共同的特性為何？
　（A）可以從寄主身上獲得水分及養分。（B）都具有藥性，可以大量繁殖做為藥材。（C）都是有毒植物。（D）都不會開花，只行無性繁殖。
③ 關於列當的敘述，下列何者正確？
　（A）是一種有毒植物。（B）屬於不會開花的蕨類。（C）在台灣沒有列當。（D）全株均無葉綠體。
④ 關於菟絲子的敘述，下列何者正確？
　（A）台灣只有一種菟絲子。（B）自古以來，菟絲與女蘿兩者為共生關係。（C）寄主只有芒草等禾本科植物。（D）應防止日本菟絲子外來種的危害。

解答

① （C）寄居蟹。
　說明：寄居蟹並不是「寄生」喔！
② （A）可以從寄主身上獲得水分及養分。
　說明：（B）、（C）、（D）並非全部的寄生植物都是如此喔！
③ （D）全株均無葉綠體。
　說明：（A）列當並非有毒植物。（B）它是一年生草本的寄生植物。（C）台灣有列當。
④ （D）應防止日本菟絲子外來種的危害。
　說明：（A）台灣有四種菟絲子。（B）自古以來，菟絲與女蘿兩者沒有關係。（C）野菰的寄主才是芒草等禾本科植物。

大魚吞小魚

文‧攝影｜北政國中　陳翎

　　夏天的假日，應父母邀請，和他們來到「私房景點二號」澳底，這裡不像「一號」景點人多，正是爸媽要來這裡的理由。

　　澳底的海蝕平台面積小，如同畫框包覆著海岸線。淺海周圍有些突出的岩石，排列成行，擋著迎面而來的波濤，形成了小潮池。

　　我換上水母衣和潛水衣，忍受著又熱又緊的難受感，潛入水中，要一探究竟淺海域的小生物世界。這次媽媽發現了一隻魔鬼蠍子魚，我們稱牠為魔鬼魚，牠的體型不大，是亞成魚，比巴掌小，隱藏在長著各種顏色藻類的礁石上，牠身上紅、橙、粉、白、米色讓牠和石頭融合一體，輕輕攀附石上，耐心等待著獵物：好奇的小魚。媽媽說她看到一隻小魚不知情的游在魔鬼魚上方，然後，咻！魔鬼魚一口吞下小魚。聽了媽媽形容之後，我感到興奮，也想親眼看到「吞小魚」的畫面。於是我靜靜地漂在水中，盯著魔鬼魚看。一開始些許小豆娘魚在我腳邊好奇悠游，牠們不靠近石頭和地面，只啄啄鹹水中的碎粒，我還真希望哪隻能成為牠的食物，讓我目睹魚吞魚的畫面。

　　魔鬼魚似乎覺得位子不夠好，動動尾鰭，換個地方，牠張開嘴，是在示威吧？我猜想。接下來的動作像啞巴想說話，魚嘴拚命上下開閉，張著下顎想發出聲音，突然牠喉嚨嗆出了兩撮綠藻，原來是嗆到了，我竊笑了一下。

　　只要放輕鬆，慢慢的，各種小魚來了，包括蝦虎魚。牠們會擬態配合環境、藻類、沙或石頭，而有不同的顏色紋路，因為蝦虎魚趴在石縫，和彈塗魚相似，都不是在水中自在悠游的魚。我把注意力轉向這隻紅橘花紋的蝦虎魚，我喜歡這種蝦虎魚，牠正面的臉彷彿微笑般親切。蝦虎魚尾巴一彎，跳到藍紫色麒麟藻上，在魔鬼魚斜上方，本來以為魔鬼魚沒看見，

讀完這篇文章，你也可以試著這樣做：

1. 和家人好友一同出遊，造訪大自然。
2. 在大自然中尋找動物、植物的蹤跡。觀察它是誰？它長什麼樣子？
試試看，這就是自然寫作的第一步！

↑ 某種蝦虎魚。　　　　　　　　　　　　↑ 魔鬼魚的樣子。

牠那蓋上一層玻璃似的紅眼睛動也不動。剎那間魔鬼魚快速游至麒麟藻，一口吞下小蝦虎魚，再游回原本位置，裝作若無其事，裝作自己還是那個石頭。我當下嚇到了，一陣冷意竄上腦門。「被吃了，被吃了……」的念頭在腦中不斷重覆著，最後成了回音。我透過潛水鏡瞪著那隻凶惡、身體破爛不堪的大嘴巴魔鬼魚，不只吃驚，也讓我看盡了魚的生活世界。

　　不久之後，媽媽拿著防水相機，靠近拍攝魔鬼魚。魔鬼魚受到打擾，一溜煙游到大石塊底下。

　　本來想再看魔鬼魚吞魚的畫面，我心想。

　　我邊在海水中游走，並聆聽水中聲音。只有拾螺者的敲擊聲，以及遠方孩童對海中生物感到新奇的叫喊聲。一般人似乎覺得拍拍風景，看看水中魚，就能看見潮間帶的美麗。但我與爸媽多次前來，明白唯有細心尋覓，在龐大的礁石間，跟著潮水搖曳的海藻叢間，微小的石礫中，才能感受到潮間帶的生機。

↑ 潛入潮間帶。

老師講評

　　陳翎對於潮間帶的深刻認識與觀察、描述能力遠遠超越了大部分國中階段的同齡孩子，甚至是大人。台灣四面環海，理論上有足夠優厚的條件，讓孩子從小自潮間帶開始認識海洋，進而孕育海洋文化，可惜大部分的家庭頂多發展「海鮮文化」，而不見海洋教育。作者的父母是一個優秀的典範，多次帶著孩子觀察探索潮間帶，長期累積下來的自然觀察、記錄、攝影、描寫能力都非常可觀，令人讚嘆。

綜合建議

- 對於所觀察到的物種可以多提供一些生物資料，例如魔鬼蠍子魚、蝦虎魚，牠們的外觀有哪些特色？牠們的生活習性如何？
- 若非私密景點不宜公開，可直接寫出家遊中「一號」景點所指何處，讀者更容易理解，也能就此認識一個可以親身探索的真實地點。
- 文章整體而言是篇通順流暢的佳作，作者描寫功力可觀，未來在自然書寫領域內，是值得期望的一個小小新秀。

樟樹上的黑冠麻鷺

文‧攝影｜北政國中　劉昀鑫

暑假前一個月，也就是六月的時候，我家門前的樟樹上來了一對新婚夫妻 -- 黑冠麻鷺。因為老師在課堂上教過，在校園中也見過，於是顯得親切，吸引著我們全家人觀察。

一開始，只見牠們很忙地把樹枝帶回樹上的Y型樹幹處，再小心地排好，然後又很忙地出去找其他樹枝。牠們就這樣忙了二至三個星期，直到一隻黑冠麻鷺久坐巢上，我們才發現黑冠麻鷺在孵蛋了！

之後，牠們都沒有離開巢，只有偶爾站立、理羽……等小動作。直到有一天，爸爸興奮地叫我起床，因為黑冠麻鷺腹部的羽毛裡，多了一團白色的小絨毛。

隔天，就看到一隻白色帶灰色的雛鳥探出頭來，享受夏天的陽光。我們全家都很高興，就像自己家中有新生兒一樣。只可惜，不久後巢上的雛鳥不知何故摔落下來，失去性命。但黑冠麻鷺雙親卻依然繼續在樹上生活，就好像什麼事都沒發生。繼續觀察後才明白，原來，樹上還有兩隻嗷嗷

> 讀完這篇文章，你也可以試著這樣做：
>
> 1. 打開窗戶、走到陽台上、走出家門口，尋找和你比鄰而居的生物。
> 2. 找到了之後，仔細觀察它是誰？它長什麼樣子？
> 3. 每天為它做紀錄，幾個星期、幾個月之後，你會更了解它。
>
> 試試看，這就是自然寫作的第一步！

↑ 一雙黑冠麻鷺正在築巢（20160613）。

↑ 孵卵中（20160716）。

↑ 親鳥與兩隻幼雛
（20160813）。

↑ 親鳥與兩隻漸大的幼雛
（201060813）。

↑ 親鳥不在家了，兩隻幼鳥也
準備獨立了（20160821）。

待哺的雛鳥，讓我們鬆了口氣。兩隻幼鳥也很爭氣地一直吃一直長，八月中旬，羽毛已經有一半換成亞成鳥的灰色，只剩些許的絨毛還夾雜在灰毛中。

八月中下旬，親鳥已經讓兩隻幼鳥獨自待在巢上，親鳥只在傍晚回來餵食與休息，兩隻幼鳥也開始試著拍翅膀，在鳥巢附近的樹枝上走動。幼鳥隨著親鳥陪伴與照顧的時間越來越短，牠們的絨羽也越來越少，拍翅與走動的時間越來越多。終於，八月下旬的某一天其中一隻幼鳥不見了，直到中午才突然又出現，但此時親鳥已經不再回來，隔天，那隻幼鳥又不見了，後來又回來，如此重複著。我想，牠大概是出去自己找東西吃了。牠就一直這樣來來回回，但另一隻幼鳥卻始終都沒有離開那棵樹。

八月底時，由於我們一家已規畫去阿里山旅遊，必須中斷觀察，因此既擔心又掛念，便把觀察的功課交付給爺爺。幸好，回來之後，爺爺跟我說最後一隻也飛走了，才讓我安心。

鳥去巢空的第二天，鄰居找來了工人，將樟樹上的鳥巢鋸下來，雖說是為了防颱，但只鋸一棵樹的那段樹枝，讓人高度懷疑是因為受不了黑冠麻鷺一家的排泄物吧！還好鳥兒已經離巢，我鬆了口氣，但也十分感慨，因為老師說過，黑冠麻鷺有可能在隔年回來繼續利用舊巢。我還因此寫了抗議信，但被媽媽阻止發表。

我感嘆，如果早個幾天就來鋸樹，也許最後一隻幼鳥還來不及飛往藍天，就先墜落了，當然，我也為最後的結果感到欣慰。

暑假結束之後的晚上，我幾次在社區看到牠們的蹤影，也希望牠們可以繼續留在這個社區生活，讓大家在牠們優雅的身影中體會與鳥兒近距離相處的快樂。

▌老師講評

　　昀鑫很幸運，在自家社區就能做黑冠麻鷺繁殖行為的自然觀察，更幸運的是可以全家一起投入，享受自然觀察的樂趣，這是非常有意義的親子活動。

　　昀鑫很有耐心地拍照，從六月分親鳥求偶、築巢一直到孵卵，八月底育幼完成。甚至對於鄰居的鋸樹行為深感不滿，具有高度生態素養的想法與行動，甚是難能可貴。

▌綜合建議

- 這麼好的觀察機會，如果寫成詳盡的觀察日誌就可以成為更具科學意義與價值的資料。例如，可在觀察日誌中詳細載明「二〇一六年八月三日，第一隻雛鳥摔落。」
- 文中也可以再多介紹一些黑冠麻鷺的相關資料，例如牠們從稀有到成為普遍留鳥，以及和其他常見鷺科鳥類一樣，同為親鳥輪流孵蛋、共同育雛的行為。
- 整體而言是一篇好文，有觀察、有紀錄、有驚喜、有生態素養；文章架構完整、敘述流暢，樸實無華，實屬難得。

我找到了這些寶貝！生物尋寶紀錄觀測表

　　你可以自行影印這張表格，野外尋寶時，根據這張表格寫下紀錄，而非僅用手機拍照，這樣一來你會獲得美好的回憶，也能更快吸收生物知識喔！你可以參考第 208 頁的寫法。

季節	地點	我看見了 聽見了 或聞到了	物種的 相關描述	照片或 筆繪	感覺最特別 的地方

更深入！單一物種紀錄觀測表

　　如果想要觀察得更仔細一點，你可以影印這張表格，為你觀測到的生物深入紀錄！你可以參考第 212 頁的寫法。

物種名稱	
物種分類及特徵描述	
分布地或物種的環境描述	
照片	
其他筆記	

來比賽吧！生物尋寶賓果遊戲

　　想用輕鬆遊戲的心情學生物嗎？你可以自行影印這個表格，和家人好友一同造訪大自然時，填入物種名稱，找到一個物種，就可以畫上圈圈，比一比看誰最快連成三條線。你可以參考第 233 頁的寫法。

知識館 7

小麥田

生物課好好玩 2

野外探險生物課！**28 堂尋寶課╳7 大學習主題╳8 個國內外自然景點**

作者‧攝影	李曼韻
出 版 經 紀	廖翊君
封面‧內頁設計	黃鳳君
內 頁 插 畫	白佩穎
內頁說明圖片	馮聖欣
責 任 編 輯	徐 凡

國 際 版 權	吳玲緯
行　　　銷	何維民 蘇莞婷 吳宇軒 陳欣岑
業　　　務	李再星 陳紫晴 陳美燕 葉晉源
副 總 編 輯	巫維珍
編 輯 總 監	劉麗真
總 經 理	陳逸瑛
發 行 人	涂玉雲
出　　　版	小麥田出版

10483 台北市中山區民生東路二段 141 號 5 樓
電話：(02)2500-7696
傳真：(02)2500-1967

發　　　行　英屬蓋曼群島商家庭傳媒股份有限公司
城邦分公司
10483 台北市中山區民生東路二段 141 號 11 樓
網址：http://www.cite.com.tw
客服專線：(02)2500-7718｜2500-7719
24 小時傳真專線：(02)2500-1990｜2500-1991
服務時間：週一至週五 09:30-12:00｜13:30-17:00
劃撥帳號：19863813　戶名：書虫股份有限公司
讀者服務信箱：service@readingclub.com.tw

香港發行所　城邦（香港）出版集團有限公司
香港灣仔駱克道 193 號東超商業中心 1/F
電話：852-2508 6231
傳真：852-2578 9337

馬新發行所　城邦（馬新）出版集團 Cite (M) Sdn Bhd.
41-3, Jalan Radin Anum, Bandar Baru Sri Petaling,
57000 Kuala Lumpur, Malaysia.
電話：+6(03)9056 3833
傳真：+6(03)9057 6622
讀者服務信箱：services@cite.my

麥田部落格：http://ryefield.pixnet.net

印　　　刷	前進彩藝有限公司
初　　　版	2017 年 9 月
初 版 三 刷	2021 年 2 月
售　　　價	360 元

國家圖書館出版品預行編目資料

生物課好好玩2：野外探險生物課！
28 堂尋寶課╳7 大學習主題╳8
個國內外自然景點 . / 李曼韻著 . --
初版 . -- 臺北市：麥田出版：家庭傳
媒城邦分公司發行 , 2017.9
　面；　公分

ISBN 978-986-945-827-6(平裝)
1. 生物　2. 教學法 3. 中等教育

524.36　　　106012524

城邦 讀書花園
www.cite.com.tw
書店網址：www.cite.com.tw